LECCIONES DE DERECHO DE LA SEGURIDAD SOCIAL

por

Santiago González Ortega
Catedrático (E) de Derecho del Trabajo y de la Seguridad Social
Universidad Pablo de Olavide de Sevilla

y

Susana Barcelón Cobedo
Profesora Titular de Derecho del Trabajo y de la Seguridad Social
(acreditada Catedrática)
Universidad Carlos III de Madrid

(Curso 2024-2025)

INDICE

I. ¿Qué es la Seguridad Social?

II. ¿De qué forma y con qué alcance está recogida la Seguridad Social en la Constitución española?

III. ¿Cuáles son los rasgos característicos del sistema normativo de la Seguridad Social?

IV. ¿Qué niveles prestacionales existen en el Sistema español de Seguridad Social?

V. ¿Cómo se estructura el Sistema de Seguridad Social?

VI. ¿Qué es lo que protege la Seguridad Social y con qué requisitos?

VII. ¿Por qué y cómo se diferencian los riesgos profesionales y los riesgos comunes?

VIII. ¿Cómo protege el Sistema de Seguridad Social y mediante qué tipo de prestaciones?

IX. ¿Quién y cómo se incorpora al Sistema de Seguridad Social en calidad de sujeto protegido?

X. ¿Cómo se gestiona la Seguridad Social?

XI. ¿De qué forma se financia la Seguridad Social?

XII. ¿De qué manera se articula la acción protectora en el nivel no contributivo?

XIII. ¿Qué son y cuál es el régimen jurídico de los subsidios del nivel contributivo de prestaciones?

XIV. ¿Cuáles son las pensiones contributivas que proporciona la Seguridad Social y con qué requisitos?

I. ¿Qué es la Seguridad Social?

El término de Social con el que se adjetiva a la Seguridad parte del hecho de que se trata de *una forma específica de protección frente a un tipo particular de necesidades como son las sociales.* Un carácter, el social, que les viene dado a esas necesidades, y por extensión a su sistema de cobertura, por las siguientes causas:

- *Primero*, por ser necesidades que, aunque individuales, *se generan como consecuencia de la integración de la persona dentro de la colectividad y que están provocadas por la propia forma de organización de la comunidad social*. Así sucede con las situaciones de necesidad que se derivan del desempeño directo de actividades productivas (es el caso de la enfermedad, de las incapacidades permanentes o de la muerte provocadas por el trabajo); o con las conectadas, de forma más general, con la realización de una actividad profesional (el supuesto, entre otros, del desempleo, del cese de la actividad de los trabajadores autónomos, de las incapacidades laborales no provocadas por el trabajo o de la jubilación). Todo ello sobre la base de que es el trabajo la fuente principal, y frecuentemente exclusiva, de los ingresos que el sujeto necesita para su subsistencia y la de las personas que dependen económicamente de él.

- *Segundo*, por **tener su origen en determinadas circunstancias propias de la condición humana** y que, como tales, repercuten en la vida social, laboral y personal del sujeto, condicionando su desarrollo y afectando igualmente a su fuente de ingresos y a su capacidad de gasto (el caso del embarazo, la maternidad y la paternidad, el cuidado de hijos, particularmente sin padecen una enfermedad grave; la muerte por causas no vinculadas al trabajo; o la vejez como cumplimiento de una determinada edad elevada).

- *Tercero*, por **tener un impacto subjetivo generalizado** o mayoritario; es decir, que la necesidad es social no solo por su origen sino también por su extensión personal, pudiendo afectar por hipótesis a un gran número de ciudadanos, cuando no a la totalidad de éstos. Como sucede con el cuidado de hijos, con la incapacidad (personal general o estrictamente laboral), con el abandono (temporal o definitivo) del mercado de trabajo, o, en fin, con la muerte.

- *Cuarto*, porque, como consecuencia de lo anterior, **es el Estado**, particularmente el que se califica como Estado Social, **el que asume como propio el deber de dar protección a los ciudadanos** cuando se encuentren en una situación de necesidad a la que, normalmente, éstos no podrán hacer frente con sus solos medios o recursos. Lo social impregna aquí también a la solución que se organiza para combatir las necesidades del mismo signo en la medida en que es prevalentemente pública, esto es, expresiva de la solidaridad colectiva que corresponde articular al Estado.

Lo que sucede es que el carácter social de una necesidad no significa que todas las necesidades, aun sociales, sean del mismo tipo. Así, pueden tener un carácter esencialmente económico (concretándose bien en una ausencia, pérdida o disminución de los ingresos, bien en un incremento de los gastos), o ser de tipo asistencial (requiriendo servicios personales como sucede con la atención a la vejez, a los discapacitados o a las personas en situación de dependencia). Por la misma razón, las prestaciones públicas que se otorgan tanto puede ser de naturaleza económica directa (o prestaciones monetarias) como de servicios, o una combinación de ambas.

Por este motivo no es adecuado llamar Seguridad Social a todo ese conjunto complejo y variado de situaciones de necesidad y de prestaciones públicas de tutela. Es más correcto referirse a él como *"Sistema de Protección Social"* que puede definirse como *"toda estructura pública de protección de los ciudadanos frente a las situaciones de necesidad social"*. No obstante, la propia amplitud del concepto obliga a una subdivisión, organizándolo internamente de acuerdo, precisamente, con la naturaleza de las situaciones de necesidad que se trata de cubrir y de las prestaciones fijadas en función de ellas. Lo que genera *tres grandes grupos de sistemas prestacionales.*

De una parte, el que otorga al ciudadano unas *ayudas, servicios personales o asistenciales que la comunidad considera que deben darse a quienes se encuentran en esa concreta situación de necesidad personal o social*. Entran en este grupo de prestaciones todas las que procuran una asistencia o servicio, sea de naturaleza socio-sanitaria (lo que hace referencia a todas las dirigidas a grupos específicos como los mayores, los discapacitados, los dependientes o las personas en situaciones de exclusión social), o simplemente social (como son las medidas orientadas a tutelar a colectivos vulnerables como los menores, las mujeres, los extranjeros, las personas pertenecientes a determinados grupos étnicos, las familias numerosas o monoparentales, o las víctimas de la violencia de género). Puesto que lo característico de estas prestaciones es que, al margen de su dimensión o valoración económica, no tienen un contenido monetario directo, sino que se materializan en servicios personales, se las denomina habitualmente como servicios sociales y, agrupadas, conforman, dentro del más amplio Sistema de Protección Social, el llamado *Sistema de Servicios Sociales.*

De otra parte, también se articula dentro del más amplio Sistema de Protección Social, otro subsistema como es el *Sistema Nacional de Salud.* Aquí el rasgo unificador que permite agrupar las prestaciones consiste, aparte del carácter personal de la asistencia, en *la concreta situación de necesidad que se deriva de la afectación de la salud y en la naturaleza sanitaria de las prestaciones requeridas para afrontarla*. Se trata de un conjunto, por sí mismo complejo y variado, de enfermedades y padecimientos que requieren una protección igualmente diversa que se engloba bajo la expresión de asistencia sanitaria pública.

En tercer lugar, puede identificarse otro gran subsistema de protección dirigido a tutelar las situaciones de necesidad de naturaleza directa y estrictamente económica y que se atienden mediante prestaciones de esta misma naturaleza. Tal subsistema es el que se organiza bajo el paraguas conceptual de *Seguridad Social*. De forma que sería *Seguridad Social "todo el conjunto de prestaciones monetarias otorgadas por el Estado a los ciudadanos para hacer frente a situaciones de necesidad social de naturaleza económica".*

Partiendo de lo anterior, la definición específica, por tanto, de Seguridad Social puede precisarse subrayando:

- *Primero*, que *se trata de proteger situaciones de necesidad de carácter económico.* Tanto cuando sus beneficiarios son ciudadanos sin recursos, sirviendo las prestaciones para hacer frente a situaciones reales de incapacidad económica y de falta de ingresos; como porque se trate de trabajadores que ven afectada su actividad productiva, y en consecuencia sus ingresos, por la concurrencia de circunstancias variadas tales como el desempleo, la enfermedad, la incapacidad temporal o situaciones semejantes como el nacimiento de hijos, la incapacidad permanente o la muerte.

- *Segundo*, que **la protección, al tratarse de una necesidad económica, consiste igualmente en prestaciones de esta naturaleza**. Que pueden tener como finalidad, sea proporcionar al ciudadano una cantidad mínima para hacer frente a sus necesidades básicas (lo que se califica normalmente como *función compensatoria* de los ingresos de que se carece), sea sustituir los ingresos perdidos debido a una circunstancia que afecta al normal desarrollo o a la continuidad del trabajo (cumpliendo aquí lo que se suele denominar *función sustitutoria* de los ingresos que se tenían pero que se han perdido).

II. ¿De qué forma y con qué alcance está recogida la Seguridad Social en la Constitución española?

En la *CE* hay varias referencias a la Seguridad Social, todas ellas en el Capítulo III del Título I dedicado a los principios rectores de la política social y económica. Pero se trata de *menciones parciales y/o indirectas*. Así sucede con el *art. 39* (protección de la familia), el *art. 49* (relativo a la protección social de los discapacitados) *o el art. 50* (que menciona expresamente a las pensiones para los ciudadanos de la tercera edad)

Sin embargo, es el *art. 41 CE* el que se dedica, de forma singularizada, a la Seguridad Social. Dicho artículo establece lo siguiente:

> *«Los poderes públicos mantendrán un régimen público de Seguridad Social para todos los ciudadanos, que garantice la asistencia y prestaciones sociales suficientes ante situaciones de necesidad, especialmente en caso de desempleo. La asistencia y prestaciones complementarias serán libres."*

De este artículo pueden derivarse una serie de rasgos que, por imperativo constitucional, deben concurrir en el Sistema español de Seguridad Social. Tales rasgos son:

- A) La Seguridad Social debe articularse de forma **estructurada, unitaria y sistemática**, que es lo que la CE llama "*régimen público de Seguridad Social*" y que, con una terminología más actualizada, se califica hoy como Sistema de Seguridad Social.

- B) La Seguridad Social debe ser *pública*. Así lo dice el art. 41 calificar al régimen como público y al encomendar a los poderes públicos la tarea de mantener, y de desarrollar en aplicación del propio mandato constitucional, dicho Sistema.

Esto significa que corresponden a los poderes públicos todas las funciones de regulación de cualquiera de las dimensiones del Sistema: como las que se refieren a la determinación de la situación de necesidad a proteger, a la identidad de los sujetos protegidos, a los requisitos para obtener las prestaciones, a su naturaleza y alcance y a su régimen jurídico. También les corresponde *la disciplina de todo lo relativo a la financiación*, sea la cuestión de las cotizaciones sociales como lo que afecta a la fijación del presupuesto de la Seguridad Social y a la administración de sus fondos. Finalmente, el subrayado carácter público del Sistema implica igualmente que *corresponde a los poderes públicos su gestión y administración.*

- C) La protección que la Seguridad Social proporciona debe ser ofrecida a *todos los ciudadanos.* Es lo que se llama normalmente universalidad de protección.

Aunque hay que recalcar que se trata de una *universalidad vista en su conjunto*. Es decir que, dentro del Sistema de Seguridad Social, pueden existir prestaciones que se dirigen exclusivamente a un colectivo concreto de personas como sucede, por definición, en las prestaciones a las que solo pueden acceder quienes son o han sido profesionalmente activos. Pero lo importante para la universalidad del Sistema es que, quienes no quedan incluidos en la protección de tipo profesional por no ser activos y no pueden obtener prestaciones profesionales, puedan lograr la tutela que necesitan cuando se encuentran en una situación real de necesidad económica. Es la función que cumplen en España el llamado ingreso mínimo vital, las pensiones no contributivas o asistenciales previstas para ancianos o inválidos sin recursos y, en alguna medida, las prestaciones por desempleo y las de viudedad.

En cuanto al Sistema español de Seguridad Social hay que anticipar que su universalidad se ha alcanzado mediante la implantación, en junio de 2020, del ingreso mínimo vital protegiendo a quienes, carentes de recursos para la subsistencia, no obtienen ingresos de ningún tipo o lo hacen de forma muy escasa, pero no son ni ancianos ni inválidos en un alto grado que puedan obtener una pensión no contributiva por invalidez o jubilación. Es decir, los desempleados, en edad y con capacidad para trabajar, que carecen de recursos suficientes, que han agotado todas las prestaciones por desempleo y que no encuentran ocupación pese a buscarla, no pudiendo obtener por sí mismos los recursos necesarios para subsistir. Un colectivo que, hasta el ingreso mínimo vital, carecían de tutela frente a su situación real de necesidad económica.

- *D)* La protección de la Seguridad Social debe abarcar a las que el art. 41 llama ***situaciones de necesidad*** que es claro que se trata de necesidades sociales de naturaleza económica. ***Necesidades que pueden consistir tanto en una pérdida de los ingresos previos obtenidos mediante el trabajo o bien en una carencia de los mínimos necesarios para la subsistencia.***

Sin embargo, es evidente que no puede esperarse del Sistema español que proteja todas las necesidades sociales de tipo económico. Procede, en consecuencia, una selección que viene encomendada al legislador ordinario. Y será éste el que establezca, en concreto, cuáles son las situaciones de necesidad que serán tuteladas. ***Por este motivo se dice que el derecho a la Seguridad Social es de configuración legal.*** Pero se trata de una labor en la que el legislador nacional no es absolutamente libre ya que está condicionado por normas internacionales y por la propia exigencia constitucional de mantener el sistema de protección previo a la CE que, aunque incompleto, ya era, desde el año 1966, un Sistema de Seguridad Social con un determinado repertorio de situaciones o contingencias protegidas y un correlativo abanico de prestaciones.

Lo que la CE exige, en consecuencia, es que se protejan, de un lado, las situaciones de necesidad de tipo profesional como son la incapacidad, temporal y permanente, el nacimiento y cuidado de hijos y las prestaciones asociadas a estas circunstancias, la jubilación y la supervivencia, además obviamente del desempleo. Pero, ***por otro lado***, también constituye una situación de necesidad a proteger la de necesidad económica más evidente como es ***la carencia de los recursos mínimos para la subsistencia.***

- *E)* El art. 41 CE además exige que las prestaciones del Sistema sean ***suficientes***. Pese a la ambigüedad del concepto, ***la suficiencia puede concretarse según la necesidad que se cubre y a la finalidad de la prestación que se concede***.

Así, ***si la necesidad consiste en la pérdida, temporal o definitiva, de los ingresos*** que se obtenían por el trabajo, la función de la prestación no puede ser otra que la de sustituir esos ingresos; haciéndolo de forma suficiente si la prestación tiene una cuantía proporcionalmente significativa, según cada situación de necesidad, en comparación con esos ingresos previos. Por otra parte, ***si la necesidad a cubrir es la carencia de recursos***, la finalidad de la prestación no es otra que la de compensar esa carencia, de manera que la suficiencia de la prestación se valorará en función de si tiene una cuantía mínima que sirva para garantizar la subsistencia, atendiendo a parámetros variados como la cuantía media de salarios o pensiones, el SMI o los datos que se derivan de las encuestas públicas sobre condiciones de vida respecto de la cuantía mínima de subsistencia necesaria según la composición de los hogares habitualmente calificada como *umbral de la pobreza.*

- *F)* El art. 41 se cierra con una frase relativa a la asistencia y prestaciones que califica como *complementarias* de las del Sistema de Seguridad Social. Sin embargo, y aunque a veces se llamen a estas prestaciones como Seguridad Social Complementaria, se trata de una denominación inadecuada no son prestaciones de Seguridad Social en sentido propio, aunque tomen como referencia para complementarlas las establecidas dentro del Sistema.

Es, por tanto, más correcto referirse a ellas como *Previsión Social o Previsión Social Complementaria* que, como añade el art. 41 CE, deberá ser *libre*. Lo que significa la libertad de establecerla para quienes deseen organizarla sin que los poderes públicos puedan impedir que sujetos privados, como las compañías de seguros, ofrezcan en el mercado un aseguramiento frente a las mismas situaciones de necesidad respecto de las que el Sistema de Seguridad Social proporciona protección. La libertad corresponde asimismo a los sujetos protegidos ya que, frente a la obligatoriedad de la afiliación en el Sistema de Seguridad Social, legalmente impuesta debido a su naturaleza pública, el acogerse o no a esta Previsión Social Complementaria debe ser elección libre del sujeto.

Por otra parte, y aunque *el art. 41 CE no hace ninguna referencia al carácter privado o público de esta Previsión Social Complementaria*, suele entenderse que la mención a la libertad implica su privatización. Esto es verdad hasta cierto punto. En efecto, es indudable que la libertad, entendida como posibilidad abierta de organizar esas prestaciones, implica que también los privados pueden elegir esta opción negocial. Precisamente por no ser Seguridad Social es por lo que estas prestaciones no están afectadas por la prohibición de lucro que pesa sobre el Sistema de Seguridad Social.

Pero esto no quiere decir que el Sistema público de Seguridad Social no pueda ofrecer unas prestaciones diseñadas como complementarias de las previstas en el propio Sistema, ya que el hecho de que el terreno de la Previsión Social Complementaria haya estado en manos exclusivamente privadas, no supone necesariamente que se trate de un espacio privatizado, sino, todo lo más, abierto a una hipotética competencia entre lo público y lo privado. Así lo ha corroborado la modificación, en junio de 2022, de la ley reguladora de los planes y fondos de pensiones, con el fin de favorecer la promoción pública de los fondos de pensiones de empleo de carácter abierto, con diferencias sustanciales en cuanto a régimen jurídico y costes en relación con los fondos de pensiones exclusivamente privados; aunque su gestión se siga encomendando a entidades privadas a las que se delega dicha competencia, siempre ejercitada no obstante bajo control público.

III. ¿Cuáles son los rasgos característicos del sistema normativo de la Seguridad Social?

La Seguridad Social está tratada en todos los escalones o rangos normativos pensables mediante una estructura de carácter piramidal que, a medida que va descendiendo, incrementa su grado de precisión y de detalle.

En cuanto a las ***normas internacionales,*** la Seguridad Social se recoge en todas las Declaraciones Internacionales de Derechos Humanos o de Derechos Fundamentales, en los Pactos Internacionales de carácter Social, en los múltiples Convenios y Recomendaciones de la OIT, o en la Carta Social Europea. Todas estas normas se refieren a la Seguridad Social consagrándola como un derecho del ciudadano. Si bien su regulación, que se mantiene frecuentemente en el terreno de lo declarativo, suele añadir poco a un ordenamiento, como el español, que ya prevé esa protección, tanto a nivel constitucional como legal, con un alcance cuando menos equivalente a lo requerido por las normas internacionales; que, en todo caso, pueden funcionar como referentes interpretativos del alcance del derecho y de su significado, de acuerdo con el art. 10.2 CE.

En cuanto a la ***Unión Europea***, la competencia sobre las cuestiones de Seguridad Social es exclusiva de los Estados miembros, lo que afirma *el **carácter fuertemente nacional de los sistemas de Seguridad Social.*** Tan es así que la UE solo tiene competencia en esta materia en lo que se refiere a las normas de coordinación de los diferentes sistemas nacionales en el supuesto de trabajadores que hayan desarrollado su vida activa desplazándose a otro u otros Estados de la UE en ejercicio de las libertades comunitaria esenciales como son las libertades de circulación, de establecimiento y de prestación de servicios. Solo en relación con las prestaciones de garantía de un ingreso mínimo garantizado de subsistencia existen iniciativas comunitarias, aun no materializadas en normas, que reclaman la fijación a nivel europeo de una prestación mínima de esta naturaleza.

La coordinación de los sistemas nacionales de Seguridad Social hecha por los Reglamentos comunitarios se limita a evitar, respetando la competencia nacional, que el desplazamiento transnacional de trabajadores suponga un daño a sus expectativas de protección social. Por este motivo se inspira en los principios de tutela de los derechos en trance de adquisición (que son clásicos en materia de Seguridad Social al requerir para consolidarse y generarse tiempos mínimos de trabajo, afiliación, cotización o residencia) y de conservación de los ya adquiridos, obligando a los Estados miembros, de una parte, a tener en cuenta esos tiempos cubiertos en el marco de la Seguridad Social de los otros Estados miembros como si lo hubieran sido en sistema nacional en el que se solicita la prestación (el llamado principio de totalización), así como, de otro lado, a permitir la movilidad transnacional de las prestaciones ya causadas conforme a la llamada "exportación de prestaciones".

Puesto que es cada Estado el competente, y obligado a tenor del art. 41 CE, a desarrollar el Sistema de Seguridad Social, el siguiente escalón normativo no es otro que el de la ***legalidad ordinaria***. Así lo confirma el art. 149.1. 17ª, CE el cual atribuye al Estado la competencia exclusiva sobre la legislación básica de Seguridad Social y sobre todo lo relacionado con su régimen económico. Esta competencia normativa se materializa en España de forma central en el Real Decreto Legislativo 8/2015, de 30 de octubre, por el que se aprueba el *Texto Refundido de la Ley General de Seguridad Social (LGSS)*. Se trata de un texto legal de factura relativamente reciente pero que acumula regulaciones anteriores ya que la primera LGSS en España se aprobó en el año 1966, siendo seguida de un Texto Refundido del año 1974 y otro del año 1994. Todas estas normas, y las innumerables reformas introducidas en muy diversas leyes y decretos-leyes posteriores, fueron refundidas en la *actual LGSS* que es así hoy el texto legal de referencia. Que, no obstante, ya ha sido objeto a su vez de múltiples reformas en los últimos años, reproduciendo una dinámica normativa habitual que, en su momento, seguramente requerirá la elaboración de un nuevo texto refundido de la LGSS.

Se trata de una ley amplia, de casi 400 artículos y más de cien disposiciones adicionales, transitorias y finales, con la que se pretende regular el conjunto del Sistema de Seguridad Social tanto en lo referido a su campo subjetivo de aplicación como a los actos de encuadramiento, a la financiación y a la gestión del Sistema y, naturalmente, a las prestaciones que otorga y a su régimen jurídico. La LGSS, además, diferencia normativamente dos niveles prestacionales (los llamados profesional o contributivo y no contributivo o asistencial), dedica un título completo al desempleo y contiene una regulación específica de la protección social de los trabajadores autónomos, incluyendo el llamado cese de actividad, que constituye una prestación similar al desempleo pero establecida para los trabajadores independientes que se ven forzados a cesar en su actividad por razones económicas o de fuerza mayor.

Establecida la centralidad de la LGSS, el siguiente *escalón normativo se sitúa en el nivel reglamentario* que, sin duda, constituye el nivel normativo de mayor consistencia y detalle en el ámbito de la Seguridad Social Un nivel reglamentario que puede estar integrado a su vez por *normas de diverso rango*.

Desde Reales Decretos que se dedican a regular, de forma general, determinados aspectos centrales del Sistema de Seguridad Social (son los llamados Reglamentos Generales del Sistema, existiendo los de afiliación, de cotización, de recaudación, procedimentales y de infracciones y sanciones, etc.) hasta otro tipo de Reales Decretos más específicos que regulan temas más concretos (como es el caso de los que se refieren, por ejemplo, a cada una de las prestaciones o que establecen normas para el reintegro de prestaciones indebidas).

Pero también integran ese nivel reglamentario numerosas Órdenes Ministeriales, con reglas detalladas sobre muy específicas cuestiones de Seguridad Social (como determinados aspectos de la cotización o de las prestaciones) e igualmente normas jurídicas de ínfimo valor normativo como las Resoluciones de concretos órganos ministeriales (de la Secretaría de Estado de Seguridad Social o de Direcciones Generales dependientes de ella) que contienen las típicas reglas de aplicación, de ejecución y de desarrollo de todas las normas, legales y reglamentarias que les superan en rango.

Junto a todo este aparato normativo existen otro tipo de instrumentos de muy relevante función práctica como son las circulares, instrucciones y guías internas, elaboradas por las propias entidades gestoras del Sistema de Seguridad Social y referidas a muy específicas cuestiones (en materia de campo de aplicación, de cotización o de prestaciones) que incorporan criterios interpretativos y técnicos relativos a la aplicación de las normas legales y reglamentarias de Seguridad Social. Sin discutir su indudable utilidad y relevancia práctica en una estructura tan compleja y multidimensional como es la del Sistema de Seguridad Social, es necesario recalcar que no se trata de normas jurídicas y que, en consecuencia, su validez y eficacia depende de su respeto a las normas vigentes sobre la materia, pudiendo ser, como ha sucedido a veces, invalidadas por la jurisprudencia contencioso-administrativa justamente por entenderlas contrarias a las normas en vigor.

Finalmente, el ámbito de la Seguridad Social es **un territorio en el que la negociación colectiva no puede entrar**, al tratarse de una materia encomendada exclusivamente a la legislación, más concretamente a la estatal y solo muy marginalmente a la autonómica debido al ya mencionado art. 149.1. 17ª CE.

En consecuencia, los convenios colectivos solo pueden intervenir en el espacio de la Previsión Social Complementaria que, como se ha dicho, no es Seguridad Social, mejorando o complementando externamente las prestaciones del Sistema. Como sucede, por ejemplo, con las mejoras de la incapacidad temporal o con prestaciones especiales para los casos de jubilación (como los premios o indemnizaciones por jubilación a cargo de las empresas o los planes de pensiones del sistema de empleo) o con las prestaciones empresariales asociadas a la incapacidad permanente o a la muerte (mejoras de la pensión, indemnizaciones a tanto alzado, etc.).

IV. ¿Qué niveles prestacionales existen en el Sistema español de Seguridad Social?

Aunque se trata de una organización unitaria, como así lo exige el art. 2 LGSS, el Sistema español de Seguridad Social se organiza en *niveles prestacionales, diferenciando entre el nivel profesional o contributivo y el no contributivo o asistencial*.

En cuanto a *las prestaciones profesionales o contributivas*, que han sido el núcleo fundacional de muchos de los sistemas de Seguridad Social y que todavía son la parte fundamental de los mismos, se caracterizan porque no tienen como destinatarios potenciales a cualquier ciudadano, sino que, a priori, se limitan a un determinado colectivo social como es el de las personas profesionalmente activas. En consecuencia, no son prestaciones universales al ser la profesionalidad un criterio restrictivo del ámbito subjetivo de aplicación.

Puesto que están vinculadas al trabajo y a sus ingresos y comparten la misma función sustitutoria, todas ellas se agrupan en el *nivel profesional* que da tutela frente a las situaciones de necesidad, vinculadas al trabajo, a que se refiere el art. 42.1 LGSS. Son: la incapacidad temporal, la de nacimiento y cuidado del menor, la del ejercicio corresponsable del cuidado del lactante; el riesgo durante el embarazo y la lactancia natural; el cuidado de menores aquejados de una enfermedad grave; la incapacidad permanente, la jubilación, las prestaciones por muerte y supervivencia y el desempleo; dejando margen para que el Gobierno amplíe esas situaciones añadiendo nuevas o reformando las existentes. Respecto de ellas, el mismo art. 42.1 LGSS establece expresamente que se tutelarán mediante prestaciones económicas.

La profesionalidad del nivel tiene estrechos lazos con la contributividad, hasta el punto de que estas prestaciones se apellidan también como contributivas. Dicho sintéticamente, la contributividad significa que los sujetos protegidos deberán, para generar el derecho a la protección, haber estado formalmente adscritos al Sistema de Seguridad Social (mediante la afiliación y/o el alta) y haber hecho previamente aportaciones financieras mediante lo que habitualmente se denominan cotizaciones. Y en la medida en que las cotizaciones, que no son más que un impuesto especial, se calculan sobre los ingresos reales del sujeto protegido, la cotización acaba siendo una proyección de tales ingresos que el sujeto recibe precisamente por su desempeño profesional.

La segunda dimensión de la contributividad consiste en que las prestaciones, que son siempre económicas, se calculan justamente sobre las cotizaciones (y, en consecuencia, sobre los ingresos) del sujeto protegido. De forma que la existencia, la duración y la cuantía de la prestación puede estar en función del tiempo y de la entidad de las cotizaciones previas. Se establece así una especie de correspondencia o relación directa entre aportaciones previas y prestaciones, como si éstas fueran la contrapartida a las cotizaciones y debieran medirse por la entidad de éstas. Manifestándose de esta forma rasgos que proceden de la lógica del aseguramiento privado, aunque, al trasladarse al ámbito de la Seguridad Social, se hayan matizado o adaptado. Por eso se habla de dosis o elementos de contributividad y no de una contributividad estricta que, de aplicarse, reconduciría al nivel profesional al ámbito del seguro privado.

Es decir, *existe una evidente relación entre profesionalidad y contributividad* debido, *en primer lugar*, a que los sujetos protegidos solo pueden ser los profesionalmente activos; *en segundo lugar*, a que el Sistema requiere de tales sujetos aportaciones previas a las que solo están obligados los que trabajan; *en tercer lugar*, a que las cotizaciones están determinadas por el salario o los ingresos generados por la actividad profesional; y, *en cuarto lugar*, a que las prestaciones cumplen una función de sustitución precisamente de los ingresos derivados del trabajo que se dejan de percibir por la materialización de la situación de necesidad de que se trate.

Dicho de forma abreviada, son prestaciones que tienen como finalidad general la de garantizar al asegurado unas cantidades económicas cuando se materialice la contingencia, teniendo en cuenta más el tiempo de profesionalidad y las aportaciones o contribuciones realizadas que la necesidad que se pretende cubrir, que no se exige que sea real o efectiva sino sólo presumida o supuesta. Es más, en un sistema absolutamente contributivo la necesidad económica que efectivamente soporte el asegurado es indiferente ya que el sistema se limita a dar una prestación medida esencialmente por la aportación previa, por lo que no existe conexión entre la cuantía y tiempo de la prestación y la concreta necesidad a cubrir. Por eso se dice que en las prestaciones contributivas la necesidad se presume. Que es lo mismo que decir que es irrelevante si existe o no ya que la prestación se otorgará conforme a otros parámetros que miran más a los antecedentes profesionales (afiliación, alta y cotización) que a la situación de necesidad real existente en el momento de actualizarse la contingencia.

El otro nivel de prestaciones del Sistema de Seguridad Social es el *nivel no contributivo o asistencial* que es el que atiende a una específica situación de necesidad como es la carencia de recursos para la subsistencia y que, por definición, puede afectar a cualquier ciudadano y no solo a los profesionalmente activos. Por eso son prestaciones habitualmente universales y por ese motivo a quienes reclamen la tutela no se les exigirá, como en el nivel profesional, haber realizado ninguna cotización previa (es decir, haber contribuido) sino exclusivamente la prueba, mediante el llamado *test de pobreza*, de que la situación de necesidad económica es real y efectiva. En consecuencia, la prestación consistirá en una cuantía destinada a cubrir esa concreta situación de necesidad pero que no estará determinada ni por cotizaciones ni por ingresos previos, sino que se establece en función de su finalidad mediante prestaciones que cubran, de forma objetiva, mínima y suficiente, la situación real de necesidad económica.

Todo lo anterior, que no son sino rasgos opuestos a los que caracterizan a las prestaciones contributivas, ha llevado a agrupar a estas prestaciones bajo la denominación de no contributivas. Así las regula la LGSS recogiendo al ingreso mínimo vital, a las pensiones no contributivas por incapacidad permanente y jubilación, a las prestaciones familiares no contributivas y al desempleo asistencial, continuación del desempleo contributivo cuando éste se agota.

No obstante, y pese a que se ha generalizado la expresión de *prestaciones no contributivas*, en realidad el rasgo más distintivo de estas prestaciones no se encuentra tanto en esa dimensión negativa de la irrelevancia de las cotizaciones, que no se exigen y por tanto tampoco influyen en el derecho a la prestación, ni en las características de las propias prestaciones sino, más bien, en lo que significa el tipo de situación de necesidad que se protege y la función que la prestación cumple. De lo que se deriva que las prestaciones están destinadas a proteger a quienes son efectivamente pobres, incapaces por sí mismos de afrontar sus necesidades básicas y que necesitan la asistencia de los poderes públicos. Si se parte de la conexión entre asistencialidad y situación real de necesidad, la calificación más correcta de estas prestaciones, y del nivel en el que se agrupan, sería justamente el de *nivel asistencial de prestaciones*. Pese a todo, vista la implantación, incluso legal, de la expresión de no contributivas, ésta se utiliza indistintamente junto a la de asistenciales.

V. ¿Cómo se estructura el Sistema de Seguridad Social?

Cada nivel de prestaciones tiene una estructura interna propia dependiente de la función que cumplen. Así, en cuanto *al nivel no contributivo*, debido a que la situación de necesidad es unitaria (la carencia de recursos) y la prestación uniforme (el llamado mínimo social garantizado), *no hay razones para introducir diferenciaciones internas*. Si acaso, en este nivel se distingue entre el tipo de prestaciones en razón de los sujetos a las que van destinados. Es lo que provoca que, dentro del nivel no contributivo, exista un repertorio de prestaciones, también reflejadas en el art. 42 LGSS. Tales son: el ingreso mínimo vital, las pensiones de incapacidad permanente no contributiva para los discapacitados de un alto grado y de jubilación no contributiva para quienes han cumplido 65 años, en ambos casos sin recursos; las prestaciones familiares no contributivas, para quienes tengan hijos discapacitados a cargo, o con ocasión de determinado tipo de partos como los múltiples o los que suceden en familias numerosas o monoparentales; o las prestaciones asistenciales de desempleo, en el caso de los desocupados sin ingresos, en edad y condición para trabajar, pero que no logran obtener un empleo.

Cuestión diferente es lo que sucede con el *nivel profesional o contributivo* del Sistema. Puesto que es el criterio profesional el relevante y el que agrupa a las prestaciones, ha sido habitual que, dentro del nivel profesional, existieran *regímenes diferenciados* debido al tipo concreto de actividad profesional. Así surgieron los regímenes dedicados a diferentes tipos de desempeños profesionales, desde el de los trabajadores por cuenta ajena a los funcionarios, pasando por los trabajadores por cuenta propia o autónomos y finalizando en regímenes dedicados a profesiones muy específicas (representantes de comercio, escritores de libros, trabajadores al servicio del hogar familiar, deportistas profesionales, toreros, artistas, etc.) o a actividades o sectores (los regímenes agrario, de trabajadores del mar, o de la minería del carbón).

La proliferación de regímenes ha afectado obviamente a la unidad del Sistema. Por esta razón, la LGSS establece como objetivo en sus artículos 9 y 10 la tenencia a la unidad interna ya sea mediante la integración de unos regímenes en otros, ya sea, de forma indirecta, mediante la homogeneización de las condiciones reguladas en ellos, con el fin de que dicha homogeneización, siendo un paso intermedio, favorezca y haga más fácil la integración en una etapa posterior. En cumplimiento de este propósito legislativo, tanto la ley como la acción gubernamental han ido suprimiendo regímenes (como los específicos por profesiones y casi todos los de sectores) hasta llegar al resultado actual, de unidad muy acentuada y de una muy alta homogeneización de condiciones entre regímenes.

Finalmente, *la estructura del nivel profesional del Sistema español de Seguridad Social* es la siguiente:

Un Régimen central, denominado **Régimen General de la Seguridad Social (RGSS),** que protege a la mayoría de los trabajadores asalariados, así como a grandes colectivos de empleados y de funcionarios públicos. Los asalariados que no se integran en el RGSS es debido a que conservan su propio régimen especial, como sucede con los trabajadores por cuenta ajena adscritos a los *Regímenes Especiales de la Minería del Carbón y de Trabajadores del Mar.* Y lo mismo pasa con los funcionarios públicos de la Administración Civil del Estado, de las Fuerzas Armadas y de la Administración de

Justicia, todos ellos integrados en el ***Régimen Especial de Funcionarios Públicos*** (siempre que ingresados antes del 2011, los posteriores quedan asignados directamente al RGSS). La centralidad del RGSS no se manifiesta exclusivamente en la vis atractiva que ejerce sobre los otros regímenes, también en que la LGSS le dedica un amplio Título entero que, además, se utiliza como referente para los Regímenes Especiales que subsisten.

A los Regímenes especiales mencionados hay añadir el ***Régimen Especial de Trabajadores por Cuenta Propia o Autónomos*** (**RETA**) que incorpora a los trabajadores independientes, tengan o no trabajadores a su servicio, que desarrollen de forma personal y directa una actividad productiva. Desde el punto de vista de la Seguridad Social profesional tiene sentido, respetando el principio de unidad del Sistema, la subsistencia del RETA ya que es una actividad profesional que se diferencia de la asalariada precisamente en cuestiones que son relevantes para la Seguridad Social.

Por ejemplo, las obligaciones de afiliación concurren en el RETA en el propio sujeto protegido, no así en el RGSS donde esa obligación recae sobre un sujeto distinto como es el empresario, estableciéndose una relación jurídica triangular entre sujeto protegido, empleador y entidad gestora de la Seguridad Social; en cuanto a la cotización, no se divide como en el RGSS entre empresario y trabajador, sino que es asumida en exclusiva por quien es simultáneamente sujeto obligado y sujeto protegido, dependiendo esta segunda condición del cumplimiento por el mismo sujeto de las obligaciones previas; frente a los trabajadores por cuenta ajena para los que existe el ingreso salarial que se concreta en la pertinente nómina elaborada por la empresa, es más difícil establecer en el caso de los trabajadores autónomos un referente directo de sus ingresos sobre el que basar la cotización y calcular la prestación; en determinadas prestaciones el control de la situación pertenece, así acontece en el RETA, al propio sujeto protegido sin intervención de tercero como sucede en relación con la incapacidad temporal o el desempleo.

En consecuencia, y debido a razones técnicas relevantes, es lógica la subsistencia del RETA que, por otra parte, ha ido absorbiendo a colectivos de trabajadores autónomos antes integrados en distintos y variados Regímenes Especiales, como ha sido el caso de todas las profesiones liberales y de los trabajadores autónomos del campo. Solo la resistencia a la desaparición del Régimen Especial de los Trabajadores del Mar hace que no pueda todavía afirmarse que el RETA integra, a efectos de la Seguridad Social, a la totalidad de los trabajadores por cuenta propia.

En todo caso, en la LGSS, el RETA se presenta, no tanto como un Régimen Especial más a absorber por el RGSS, sino como un duplicado o reflejo del RGSS, tanto con carácter general (al RETA le dedica la LGSS también un Título propio, aunque mucho más breve), como más concreto (hay dos Títulos diferentes dedicados uno al desempleo de los asalariados y otro al de los trabajadores autónomos, que la LGSS denomina cese de actividad). No obstante, es el RGSS el predominante. No solo por el número de afiliados (algo más del 79 por 100 de las personas profesionalmente activas, lo que hace hoy una cifra de 16.863.847 afiliados, mientras que el RETA agrupa a un 15,86 por 100, en torno a los 3.382.978 afiliados) sino por elegirlo la LGSS como el referente del conjunto del Sistema; de forma que, salvo en lo que hace a sus especialidades insalvables, el RETA se regula por normas que reproducen las del RGSS o, directamente, se remiten a él.

El resto de las afiliaciones, hasta alcanzar los 21.320.297 en marzo de 2025, corresponde al Régimen Especial de Trabajadores del Mar, tanto asalariados como por cuenta propia) que acoge a 80.170 afiliados (un 0,37 por 100 del total), siendo irrelevante el Régimen Especial de la Minería del Carbón con solamente 882 afiliados (un 0,0043 por 100). En cuanto a los Regímenes Especiales de Funcionarios Públicos incorporan a un total de 936.459 personas (660.041, funcionarios civiles del Estado; 228.216, funcionarios militares y 48,202, judiciales), lo que constituye un colectivo de una cierta relevancia el que, acomodado en estos Regímenes Especiales, se mantiene al margen del RGSS que es el destino natural de tales funcionarios públicos, junto a otros muchos, autonómicos y locales, que ya están integrados.

Por otra parte, y pese al intenso proceso de concentración, aun no finalizado, que ha tenido lugar en el Sistema español de Seguridad Social, la diversidad profesional en cuanto al tipo de trabajo, su naturaleza jurídica y la especialización han hecho que, tanto dentro del RGSS como del RETA, se dé a veces un tratamiento diferente, en relación solo con determinadas cuestiones de afiliación o de prestaciones, a ciertos colectivos de trabajadores. Este tratamiento diferencial se articula mediante los llamados ***Sistemas Especiales de la Seguridad Social***, algo a medio camino entre la subsistencia del Régimen Especial y la integración plena en el Régimen de destino, sea el RGSS, sea el RETA. En concreto, dentro del RGSS, existen Sistemas Especiales para grupos de trabajadores como los representantes de comercio, deportistas profesionales, toreros, artistas, trabajadores al servicio del hogar familiar y asalariados del campo; y, dentro del RETA, un Sistema Especial para autónomos agrarios.

VI. ¿Qué es lo que protege la Seguridad Social y con qué requisitos?

Cuando una determinada situación de necesidad económica es seleccionada por la LGSS para ser tutelada, se dice que la situación de necesidad se ha convertido en una ***contingencia protegida***. De esta forma la situación de necesidad consistente en la carencia real de recursos es la contingencia frente a la que se protege mediante las prestaciones no contributivas, mientras que cada una de las causas de pérdida de los recursos del trabajo se convierte, en el nivel profesional, en una contingencia protegida diferenciada. Es el caso de la incapacidad, temporal o definitiva, para el trabajo, del desempleo, de la muerte, del nacimiento y cuidado de hijos o de la jubilación.

De manera que puede decirse que la contingencia no es más que la concreta situación de necesidad una vez que ha sido seleccionada por la ley como merecedora de la tutela social. El término contingencia implica un elemento de aleatoriedad ya que, incluso siendo altamente probable que sucederá o se materializará, no es posible prever cuándo ni en qué modo. Este es justamente el factor de incertidumbre que la Seguridad Social tiene como misión eliminar. No obstante, y aunque se haga realidad la contingencia, no siempre el sujeto que se encuentra en ella tendrá derecho a la protección porque, para lograrlo, deberá cumplir una serie de requisitos legales que, cuando lo haga, harán que la contingencia se convierta en ***hecho causante*** del derecho a la prestación.

Requisitos que, en el nivel no contributivo, deben limitarse a la ciudadanía o a la residencia, dada la naturaleza de las prestaciones y el fin que cumplen, convirtiendo el derecho a la protección en un derecho ciudadano. En cambio, en las contingencias de tipo contributivo, esos requisitos tienen sentido reclamándose esencialmente los relacionados con la afiliación y la cotización. Ya sea para considerar protegible al sujeto, exigiéndose la afiliación o el alta; ya sea para reclamar la pertinente dosis de contributividad requiriendo un cierto número de contribuciones previas, los llamados periodos de carencia. Son las que el art. 165 LGSS califica como ***"condiciones generales del derecho a las prestaciones"***.

En consecuencia, y por lo que hace al nivel profesional o contributivo, solo serán sujetos protegidos quienes, por ser profesionalmente activos, se han afiliado y han contribuido al Sistema. Y quienes no reúnan tales requisitos, quedarán expulsados de la protección. Sin embargo, el que se exijan, con carácter general, los requisitos de afiliación/alta y cotización para obtener el derecho a estas prestaciones no impide que el legislador haya introducido matizaciones, atenuaciones y exoneraciones según las circunstancias y según las prestaciones. Lo que se califica como ***atenuaciones de los requisitos de afiliación, de alta y de cotización***.

En cuanto al ***alta***, la debilitación de la exigencia legal viene por dos vías:

- a) al establecer la llamada ***alta de pleno derecho*** (art. 166.4 LGSS), consistente en que, aunque el empresario haya incumplido sus obligaciones de alta y cotización, el trabajador, que efectivamente lo haya sido en ese periodo, se considerará en alta (como si lo estuviera formalmente) aunque solamente a efectos de algunas prestaciones (exclusivamente las derivadas de accidente de trabajo o enfermedad profesional y el desempleo);

- b) al incluir, con iguales efectos que el alta formal, el ***alta asimilada*** (art. 166. apdos. 1 a 3 LGSS), que no es sino entender que el trabajador está en alta, aunque técnicamente no pueda estarlo porque no trabaja, si se encuentra en situaciones de prolongación de su condición de trabajador (el caso del desempleo subsidiado, el del solicitante de empleo, o el de las excedencias forzosas) por lo que, no siéndolo ya, no obstante, el Sistema de Seguridad Social, para tutelar esas situaciones, las considera situaciones semejantes o asimiladas a las de alta a los efectos de generar el derecho a prestaciones.

Pero la debilitación más directa del alta consiste sencillamente en no exigirla para solicitar una prestación. Así sucede con las pensiones contributivas de incapacidad permanente absoluta, de jubilación y de viudedad, aunque en condiciones especiales. Posiblemente debido a la naturaleza de la contingencia y el tipo de prestación (una situación permanente e irreversible y una pensión normalmente vitalicia) que hacen más relevante el conjunto de la carrera profesional del sujeto que no el hecho puntual del momento en que se solicita la pensión. Algo diferente a la posición de quien, de forma temporal, interrumpe su trabajo perdiendo, también de forma temporal, sus ingresos (incapacidad temporal, nacimiento y cuidado de hijo, desempleo) ya que en estos casos carece de sentido una prestación que no cumple su función sustitutoria si es el caso que el trabajador no está en alta efectiva en el momento de hacerse realidad la contingencia.

Semejantes atenuaciones, e incluso más drásticas, tienen lugar por obra del legislador en relación con la ***cotización*** y, más concretamente, con el periodo de carencia exigible para tener derecho a la protección. Así, son muchas las prestaciones para las que ***no se requiere ningún esfuerzo de cotización previo***, de manera que, cumpliendo la exigencia de la afiliación y el alta (de la manera flexible que se ha visto), todas las que derivan de un accidente de trabajo o de una enfermedad profesional no requieren acreditar tiempo de cotización previo alguno. Un tratamiento privilegiado de los riesgos profesionales que el art. 165.4 LGSS amplía a las prestaciones que tienen como causa un accidente, aunque no sea de trabajo (los llamados accidentes no laborales).

Quiere decirse con lo anterior que solamente las prestaciones que derivan de una enfermedad común deben acreditar la existencia de un periodo mínimo de carencia respecto de las prestaciones de incapacidad temporal o permanente o de muerte. Periodos que también se exigen en relación con otras prestaciones como la de nacimiento y cuidado de hijos, por cuidado de hijos con enfermedad grave, el desempleo y la jubilación para las cuales la diferencia entre riesgos profesionales y riesgos comunes carece de relevancia. Otra cosa es que, aun no exigiéndose como requisito previo de la prestación, la historia de cotización del sujeto influya en la determinación de la cuantía y de la duración de la prestación, como pasa, por ejemplo, con la incapacidad permanente y la muerte. En todo caso, también es posible hablar de atenuación de la exigencia de cotización en relación con las llamadas ***cotizaciones ficticias computables***, es decir cotizaciones no hechas por no ser obligadas pero que el Sistema atribuye al sujeto como sí las hubiera pagado en determinadas condiciones, sobre todo en las situaciones de parto y de cese en el trabajo debido al cuidado de hijos.

Además de la afiliación y la cotización, pueden existir otras circunstancias que condicionen el derecho a la prestación. Como, por ejemplo, el vínculo familiar, la edad, la nacionalidad o la residencia. Siendo relevantes solo en el nivel profesional los datos de edad y vínculo familiar, el que comparten ambos niveles es el de la nacionalidad y/o residencia en el país.

Respecto de la *nacionalidad y la residencia* hay que indicar que, para las *prestaciones no contributivas*, el dato relevante es el de la residencia ya que solo se protege, al margen de su nacionalidad, a quien forma parte de la comunidad que es solidaria con el sujeto en situación de necesidad. Por esta razón, no es indispensable la tutela de los nacionales no residentes, pero sí lo es de quien, residente regular, se encuentra en la misma situación de necesidad económica y en el mismo país aun sin tener su nacionalidad. El principio de igualdad de trato y de no discriminación por razón de nacionalidad empuja a esta conclusión. Además, la residencia implica que se exige tanto que haya existido un cierto tiempo con anterioridad a la realización de la contingencia como que se mantenga mientras se recibe la prestación. Una prohibición de lo que antes se ha llamado exportación de prestaciones que fuerza a, nacionales o no, a permanecer en el territorio nacional si se quiere conservar la prestación.

En lo que hace a las *prestaciones contributivas*, puesto que se apoyan en el desempeño del trabajo, es irrelevante la nacionalidad para ser desplazada por el criterio del lugar de trabajo y de residencia. Y, en consecuencia, la condición de extranjero, siempre que realice su trabajo en España de forma legal, no constituye ningún criterio legítimo de diferenciación frente a los nacionales, quedando obligatoriamente adscrito al Sistema de Seguridad Social y generando, en igualdad de condiciones que los nacionales, el derecho a la protección. Es, por tanto, el lugar del contrato o de desempeño del trabajo el que abre la puerta al sistema de Seguridad Social donde el trabajo se realice. Por otra parte, la relativa irrelevancia de la residencia hace que, unido a la libertad de circulación comunitaria, sea factible la exportación de las prestaciones contributivas, de manera que, quien genera el derecho en un país, tiene la facultad de cambiar su residencia sin que ello afecte al percibo de la prestación.

Ya se ha dicho que es también en el nivel contributivo donde pueden tener algún juego las circunstancias de edad y de vínculo familiar con el titular de la explotación. En cuando a la *edad*, es obvio que resulta una exigencia derivada de la propia regulación de la capacidad de obrar, sea para suscribir un contrato de trabajo sea para actuar como trabajador autónomo. De forma que, no podrá ser sujeto protegido, quien no tenga la mínima edad laboral (16 años) o para el trabajo autónomo (18 años), condición que durará hasta tanto, forzosa o voluntariamente, se pone fin de forma definitiva a la actividad profesional. Otra cosa es que los menores de edad sea potenciales sujetos protegidos (como sucede con las pensiones de orfandad) mientras no cumplan una edad límite (25 años en el más amplio de los supuestos) como expresión de lo que se denomina como "derecho derivado" de las cotizaciones del causante y no del propio sujeto protegido.

En lo que hace al *vínculo familiar* no tiene repercusión ni siquiera en las prestaciones contributivas siempre que sea evidente que, pese al vínculo familiar, se trata de un auténtico trabajador, independiente de la empresa de la que es titular el familiar directo. Aunque en el caso del RETA, pese a la existencia de un vínculo familiar y a la colaboración del sujeto con un negocio de esta naturaleza, se permite a los familiares directos adscribirse de forma individual en el Sistema, pero como trabajadores igualmente autónomos y, en algún caso, si se trata de hijos, como trabajadores asalariados. Son los casos de la llamada colaboración familiar.

VII. ¿Por qué y cómo se diferencian los riesgos profesionales y los riesgos comunes?

En el ámbito de las prestaciones profesionales o contributivas, el *principio de consideración conjunta de las contingencias* se opone a que, por ejemplo, una incapacidad permanente reciba un tratamiento distinto si procede de una enfermedad común o de un accidente de trabajo. Pero este principio no tiene vigencia en la Seguridad Social que ubica, incluso organizativamente y a efectos de cotización, a los llamados riesgos profesionales frente a los riesgos comunes y de lo que se deriva que, si la contingencia se califica de profesional, ello suponga *ventajas* para el trabajador ya que se le aplicará, si lo necesita, el alta de pleno derecho, no se le exigirá carencia previa y las prestaciones serán más numerosas y de más calidad.

Lo dicho hace que sea imprescindible, en concreto para las contingencias de incapacidad temporal, incapacidad permanente y muerte, calificar previamente esa contingencia para ver si es profesional o común. Para lo que hay que acudir a los arts. 155-158 LGSS donde se encuentra la definición de lo que debe entenderse por *riesgos profesionales* y, dentro de ellos, por *accidente de trabajo y por enfermedad profesional*; y también los que deben considerarse *riesgos comunes,* comprendiendo el *accidente no laboral y la enfermedad común*.

Así, el art. 156 LGSS define *el accidente de trabajo* como el producido tanto como consecuencia directa del trabajo, entendiendo a éste como causa prevalente del accidente, como con ocasión o en relación con el trabajo merced a una conexión más circunstancial o atenuada (la llamada *ocasionalidad relevante*). Esta delimitación ha sido objeto de innumerables resoluciones judiciales que se han venido basando en una posición interpretativa favorable a la expansión del concepto de accidente de trabajo que, en bastantes casos, se ha recogido en el propio texto del art. 156 LGSS. *Ejemplos de esas expansiones son los siguientes*:

    A) La *asimilación a accidente de trabajo* de los acaecidos en circunstancias cuya relación con el trabajo es indirecta, como sucede con los accidentes ocurridos en el desempeño de los cargos electivos de representación de los trabajadores, en los actos de salvamento que tengan alguna conexión con el trabajo, o con los sucedidos haciendo el trabajador tareas que no le corresponden por orden del empresario o a iniciativa propia.

    B) Los *accidentes in itinere* que son los producidos en los trayectos de ida y retorno desde el domicilio y el trabajo y viceversa siendo amplísima la litigiosidad respecto de este tipo de accidente de forma que la jurisprudencia ha tenido que establecer una serie de criterios para calificar el accidente como in itinere. Son **criterios** que hacen referencia a:

        a) El trayecto, que debe tener por origen y final el domicilio del trabajador y el trabajo, suscitándose cuestiones en torno al propio concepto de domicilio y a la meta o destino del viaje; b) El trayecto, que debe ser el adecuado, es decir, razonablemente directo y sin interrupciones injustificadas; c) A la duración del trayecto, que debe ser la necesaria sin ampliaciones desmesuradas e injustificables en relación con la finalidad del recorrido, debiendo tener una duración razonable en función del trayecto o del tipo de vehículo; d) Al medio utilizado, que debe ser el idóneo, no siendo accidente in itinere el que tenga lugar utilizando el trabajador un medio inadecuado.

C) También son una ampliación del concepto de accidente de trabajo los llamados *accidentes en misión*, es decir, cuando, por razones de trabajo, el trabajador se desplaza, cambiando, aunque sea brevemente, su residencia y sufre un accidente dentro del tiempo global de la misión. Para esta calificación se ha de tener en cuenta que, una vez en misión, no todos los accidentes que ocurran hasta el retorno al domicilio habitual son accidentes de trabajo ya que en la misión hay tiempos de trabajo y tiempos personales que marcan la frontera entre el riesgo profesional y el riesgo común.

La expansión del concepto de accidente de trabajo se refuerza por la existencia de una *presunción legal* (art. 156.3 LGSS), según la cual se considera accidente de trabajo el producido en lugar y tiempo de trabajo. Una presunción tan sólida que es prácticamente imposible destruirla, mucho más si se interpretan de forma flexible las nociones de lugar y tiempo de trabajo, considerando tales las zonas adyacentes (vestuarios, parking de la empresa) o el tiempo de trabajo empleado en el cambio de ropa o el de las pausas. No obstante, aun cuando el accidente tenga lugar fuera del tiempo y lugar de trabajo, es decir cuando la presunción no juega, todavía es posible calificar el accidente como de trabajo si se ha producido, no ya a causa del trabajo, sino solamente con ocasión de él, funcionando el trabajo como una condición o circunstancia determinante del accidente más que como causa directa del mismo.

En cuanto a la enfermedad también puede estar causada por las condiciones de trabajo por lo que es normal la *asimilación de la enfermedad al accidente*. Lo que pasa es que la enfermedad tiene una forma propia de manifestarse (lenta, gradual, progresiva, con picos y altibajos, intermitentemente) diferente de las lesiones derivadas de un accidente que, al ser un suceso fortuito, imprevisible, súbito y violento, se expresa de esa manera pudiéndose asociar más fácilmente a él las lesiones de que se trate.

Pero la enfermedad puede o no existir previamente; puede o no quedar provocada, afectada o agravada por las condiciones de trabajo; puede tener otras causas como las genéticas o los hábitos de la persona; puede o no manifestarse en tiempo y lugar de trabajo o hacerlo en los espacios y tiempos privados como el domicilio; puede ser continua o intermitente, con crisis, episodios especiales o síntomas particulares ubicados en un momento concreto, que puede ser laboral o no, pero que es difícil determinar si en ellos las condiciones de trabajo han tenido o no una influencia significativa. Todo lo anterior lo que evidencia es la dificultad de conectar enfermedad y trabajo. A este efecto, el ordenamiento y la jurisprudencia han establecido reglas que hacen más fácil esa prueba o, incluso, innecesaria.

La primera forma consiste en regular de forma separada a las *Enfermedades Profesionales*. Se trata, sin duda, de enfermedades causadas por el trabajo pero que, seleccionadas para ser incluidas en una lista o cuadro, van a recibir un tratamiento especial que consiste en que, si la enfermedad de que se trata está en esa lista o cuadro, por producirse en las actividades, con los procedimientos y sustancias y en los sectores de actividad establecidos en tal cuadro, se entenderá, sin ulterior prueba, que se trata de un riesgo profesional bajo la denominación de enfermedad profesional. Recibiendo un tratamiento prestacional propio y con especialidades.

Pero, puesto que las enfermedades profesionales son exclusivamente las incluidas en la lista, pueden existir otras enfermedades que, pese a tener un vínculo con el trabajo, no pueden considerarse enfermedades profesionales. Se trata de las que se califican como *Enfermedades del Trabajo*, para las que la única alternativa para acceder al especial tratamiento de los riesgos profesionales es que se las considere, paradójicamente, un accidente de trabajo. Que es lo que el art. 156 LGSS permite al establecer, con carácter general, que se considerarán accidentes de trabajo, dejando al margen las enfermedades profesionales, todas las *enfermedades en las que se pruebe que el trabajo ha tenido alguna participación*.

Pero el que sean enfermedades y se manifiesten como tales complica establecer cuándo puede decirse que la enfermedad tiene lugar, y si sucede en tiempo y lugar de trabajo, para que se genere a su favor la presunción de que es una enfermedad causada por el trabajo, es decir, una enfermedad del trabajo y, en consecuencia, un accidente de trabajo. Pues bien, para que se entienda que *la enfermedad se produce en lugar y tiempo de trabajo*, es necesario que las particulares manifestaciones de la enfermedad como las crisis, los síntomas o los ataques súbitos, que al poder fijarse en el tiempo determinan el momento de producción, ocurran en lugar y tiempo de trabajo, interpretando estas dos circunstancias también de forma amplia. Pero, *si la enfermedad se manifiesta fuera del tiempo y lugar de trabajo*, y al no funcionar la presunción, todavía puede intentarse por el trabajador la prueba de que el trabajo y sus circunstancias han sido, al menos en parte destacada, los causantes de la enfermedad o de su agravamiento. Es lo que sucede si la enfermedad se manifiesta in itinere, circunstancia en la que no opera la presunción que se ha descrito antes.

Además de las enfermedades profesionales y las enfermedades del trabajo, el art. 156 LGSS incluye en el concepto de accidente de trabajo otras particulares enfermedades o circunstancias relacionadas con ellas. Son las llamadas *enfermedades agravadas*, es decir, padecimientos previos del trabajador que, pudiendo o no haber sido causados por un accidente de trabajo, se ven agravados por el desempeño de la actividad profesional; o *las enfermedades intercurrentes*, que son las que el trabajador puede adquirir o ver agravadas por derivaciones patológicas del accidente de trabajo previo o del medio en el que se situó para obtener la curación de sus secuelas.

Como puede apreciarse por lo expuesto, los conceptos de *accidente no laboral y de enfermedad común* son conceptos residuales (art. 158 LGSS). De manera que, como se ha dicho, será accidente no laboral el que no sea accidente de trabajo; y será enfermedad común la que no sea ni profesional ni enfermedad del trabajo. Pero, ya que entre el accidente no laboral y la enfermedad común también existen diferencias (en el primero no se exige carencia) es preciso distinguir uno de otra. En este punto, la regla es considerar accidente no laboral exclusivamente a los accidentes en sentido propio, descartando que las enfermedades comunes puedan ser tratadas como accidentes no laborales. De manera que la enfermedad o será enfermedad profesional, o accidente de trabajo o enfermedad común pero nunca accidente no laboral; y, si no tiene que ver con el trabajo, todas sus manifestaciones deben ser tratadas como enfermedad común. Lo que, no obstante, no ha impedido que la jurisprudencia haya realizado una interpretación extensiva del accidente no laboral (aplicándolo en supuestos como las muertes por sobredosis o el suicidio si puede detectarse una circunstancia concreta de tipo laboral que sirva como detonante de tales comportamientos o consecuencias).

Lo dicho vale igualmente, en términos generales, para el trabajo autónomo, especialmente en relación con los trabajadores autónomos económicamente dependientes. En cuanto a los autónomos ordinarios, hay dos diferencias: una, que solo puede considerarse como accidente de trabajo el sufrido como consecuencia directa e inmediata del trabajo por cuenta propia, rechazando la interpretación ampliatoria antes descrita basada en la ocasionalidad relevante; dos, que el accidente in itinere no tendrá lugar cuando el domicilio del autónomo coincide con su lugar de prestación del trabajo, entendiendo por tal el establecimiento donde ejerza habitualmente su actividad. Lo que, para muchos trabajadores autónomos será irrelevante al desempeñar habitualmente su trabajo de forma itinerante o fuera de su domicilio.

VIII. ¿Cómo protege el Sistema de Seguridad Social y mediante qué tipo de prestaciones?

La respuesta del Sistema de Seguridad Social a la materialización de las contingencias es la tutela mediante prestaciones económicas adaptadas a la situación de necesidad a proteger. Estas **prestaciones pueden ser muy variadas**, incluyendo las *periódicas temporales* (llamadas subsidios) y *permanentes y/o vitalicias* (como es el caso de las pensiones) y también pueden ser prestaciones *económicas a tanto alzado* (en el supuesto, por ejemplo, de incapacidad permanente parcial, de las lesiones permanentes pero que no invalidan al trabajador, o de las indemnizaciones por muerte). En cuanto a las prestaciones no contributivas o asistenciales, unas son vitalicias (las pensiones no contributivas); otras de duración indefinida como el IMV; y otras son temporales (el desempleo asistencial o las prestaciones familiares) puesto que se mantendrán hasta que se agote el tiempo máximo establecido en la ley o subsista la carga familiar en las condiciones que la ley establece para su protección, básicamente relacionadas con la edad y la discapacidad.

En cuanto al ***surgimiento y al mantenimiento del derecho a la protección***, la prestación debe ser reclamada por el sujeto en el momento de producirse la contingencia (la carencia de recursos en el nivel no contributivo, cualquiera de las contingencias del nivel profesional), teniendo vigencia económica el derecho, si reconocido, todo lo más hasta tres meses antes de la solicitud, pero siempre funcionando como tope de esta retroactividad el momento de producción de la contingencia (art. 53 LGSS). El mismo artículo señala que, en todo caso, el derecho a reclamar la protección prescribe con el transcurso del plazo de cinco años, aunque la prescripción puede ser interrumpida (y recomenzarse entonces de nuevo el plazo de cinco años) por cualquiera de las causas habituales previstas en el art. 1973 del C. Civil. En cambio, el art. 54 LGSS fija la regla de la caducidad anual (que puede también interrumpirse, pero reanudándose posteriormente el cómputo del plazo donde se detuvo) para el cobro efectivo de las prestaciones cuando son periódicas y ya ha sido reconocido el derecho a ellas. De forma que, transcurrido un año sin reclamarlas, el derecho subsiste ya que continúa generando derechos periódicos a su percibo, pero se pierden las mensualidades que hayan caducado conforme a la regla anterior. Y lo mismo sucede con las prestaciones a tanto alzado, respecto de las que el derecho a su percibo caduca transcurrido un año desde el momento en que se comunicó su reconocimiento.

Las prestaciones del Sistema de Seguridad Social son siempre, como se ha repetido, prestaciones económicas que tienen, debido a la función social que cumplen, un ***tratamiento especial en materia tributaria y en relación con la garantía de su percepción real por el trabajador***. En cuanto a lo primero, las prestaciones de Seguridad Social se consideran ingresos del trabajo (salvo en el caso de las prestaciones de incapacidad permanente del máximo nivel o en el de las indemnizaciones por muerte que se valoran como una compensación por los daños sufridos y no un ingreso y, en consecuencia, están exentas de tributación). Respecto de lo segundo, el beneficiario debe tener garantizado el percibo efectivo de la prestación, de forma que no podrá ser objeto de compensación de deudas por parte de la entidad gestora salvo por causa de la obligación de alimentos a prestar por el beneficiario al cónyuge, a la pareja de hecho o a los hijos o por deudas con la propia Seguridad Social. En cualquier caso, las prestaciones son inembargables hasta la cuantía del salario mínimo interprofesional.

Que se haya generado y hecho efectivo el derecho a las prestaciones no quiere decir que éstas no puedan *revisarse*. Con carácter general, esta revisión ha de hacerse en vía judicial cuando se trata de negar el derecho mismo por no concurrir los requisitos para ello, por haberse concedido la prestación debido a un error, no solamente material o de cálculo, de la prestación, o por haber desaparecido las circunstancias que generaron el derecho a la misma. Una revisión para la que la ley concede cuatro años de prescripción. Lo que sucede es que la ley también permite a las propias entidades gestoras de la Seguridad Social revisar de oficio determinadas cuestiones o aspectos de las prestaciones, considerándolos actos de gestión ordinaria y que, en consecuencia, no requieren una declaración judicial previa. Así pasa con las prestaciones no contributivas, con los complementos a mínimos de las pensiones o con el desempleo, así como en todos los casos en los que existe un error material o de cálculo en la prestación o éste ha sido propiciado por las informaciones inexactas o incorrectas proporcionadas por el solicitante.

Las revisiones anteriores pueden dar lugar a la obligación del beneficiario de *reintegrar las prestaciones indebidamente percibidas*. Es una obligación respecto de la cual la entidad gestora tiene el plazo de cuatro años, también de prescripción, para reclamarla y que, de tener éxito la reclamación, determinará la obligación de reintegro. Que se impondrá al beneficiario descontándose de cualquier otra prestación que recibiera del Sistema de Seguridad Social, y en plazos que la normativa de desarrollo prevé para preservar la función de la prestación y que el sujeto reciba al menos una cantidad para garantizar su subsistencia mínima. Cuando el sujeto no recibe ninguna prestación de la Seguridad Social el descuento es imposible y será su patrimonio el que afronte la deuda con la Seguridad Social.

Siendo siempre prestaciones económicas, *la fijación de su cuantía es un tema central*. Las reglas varían según se trate de las prestaciones del nivel no contributivo o del nivel profesional, y, dentro de éste, según las distintas contingencias que se protegen.

Así, *en el nivel no contributivo, la cuantía de la prestación debe fijarse en función del umbral de pobreza que justificó la prestación misma*. Es decir, si se protege a los ciudadanos y residentes que se encuentren en situación real de necesidad económica, y si esa situación de necesidad se prueba porque no reciben ingresos de ningún tipo o solo algunos, pero por debajo de ese umbral, la prestación debe, por lógica, conseguir que el beneficiario consiga ingresos hasta igualar a ese umbral. *Otra cosa es que el umbral de pobreza esté correctamente fijado.* Si lo que se trata de garantizar es un mínimo de ingresos para la subsistencia, parece lógico usar como referente datos como la cuantía de los salarios medios, la de los mínimos garantizados por la propia Seguridad Social en las prestaciones profesionales, la del salario mínimo interprofesional, del coste de la vida o de la canasta básica de alimentos y servicios indispensables, etc. Así lo exige la Disposición Adiciona 53ª LGSS utilizando como referente los resultados de la Encuesta sobre Condiciones de Vida. Cuando estos referentes se usan correctamente, la cuantía de la prestación no contributiva es adecuada.

En cuanto a la *revalorización* de estas prestaciones, particularmente las pensiones, el art. 62 LGSS señala que se hará anualmente por la Ley de Presupuestos y deberá consistir, al menos, en el mismo porcentaje de revalorización que se aplique a las prestaciones contributivas. En concreto, y para el año 2025, y puesto que la LPGE del año 2023 ha sido nuevamente prorrogada, es el art. 65 del Real Decreto-ley 1/2025, de 28 de enero, por el que se aprueban medidas urgentes en materia económica, de transporte, de Seguridad Social, y para hacer frente a situaciones de vulnerabilidad, así como el Real Decreto 35/2025, de 21 de enero, sobre limitación de la cuantía inicial de las pensiones públicas y revalorización de las pensiones del sistema de la Seguridad Social, de las pensiones de Clases Pasivas del Estado y de otras prestaciones sociales públicas para el ejercicio 2025, los que establecen la cuantía de las pensiones no contributivas en 7.905 euros/año, resultado de aplicar a la cuantía del año 2024 el porcentaje aplicable a las pensiones contributivas (el 2,8 por 100) más lo que proceda debido a lo exigido por la Disp. Adic. 53 LGSS, con el fin de reducir la brecha existente entre la cuantía de tales pensiones y los índices del coste de la vía fijados en dicha disposición adicional. Una cuantía que se extiende al IMV.

Mucho más complejo es el universo de las *prestaciones contributivas*. Aquí la cuantía de las prestaciones puede depender de dos factores: de las cotizaciones hechas y del tiempo o duración de las mismas. Lo que es una consecuencia del principio contributivo al imponer una relación entre cotizaciones y prestaciones, de manera que lo relevante son *la cuantía de las cotizaciones y los tiempos de cotización previa acreditados o tiempo de carencia*. Así, con cotizaciones más altas y hechas por más tiempo, normalmente las prestaciones serán mejores y además pueden ser, respecto de algunas, más duraderas.

Hay que señalar que, normalmente, la cuantía de las prestaciones contributivas se calcula sobre un promedio de las cotizaciones hechas antes de producirse la contingencia, de forma que se suman todas las cotizaciones de un determinado periodo y se halla la media. Para establecer esa media, que es la llamada **Base Reguladora de la prestación (BR)** los tiempos de cotización previos a los que se acude son variables, desde un mes para la incapacidad temporal hasta los veinticinco años para la jubilación (aunque, con la reforma de marzo de 2023, se prevén, con matizaciones y con un amplio periodo transitorio, 29 años), respondiendo a la idea de que, mientras más duradera sea la prestación (las pensiones, por ejemplo) más amplios serán los periodos de referencia para el cálculo de la BR.

El que no se exija como requisito haber cumplido un determinado periodo de carencia previo no significa que la prestación no se calcule también sobre las cotizaciones hechas en el periodo marcado. Teniéndose en cuenta, para los subsidios, las de los meses inmediatamente anteriores, que existan en la realidad, o, si no es así, proyectando sobre ellas el valor medio de las realizadas. Y, cuando el tiempo de cotización requerido es más amplio, se toman las efectivamente realizadas; y los posibles huecos de la cotización, llamados *lagunas de cotización*, se cubrirán, hasta un cierto punto (48 mensualidades) con un valor equivalente al salario mínimo, y a partir de ese número con el 50 por 100 de ese valor. El tiempo de la cotización también puede influir, pues, en la cuantía final de la prestación al determinar la BR.

Establecida la BR, sobre su cuantía se aplica un *porcentaje* que, de nuevo, es variable según la prestación: el 60, el 75 o el 100 por 100 según las situaciones de incapacidad temporal, el 75 por 100 o el 60 en el desempleo; el 100 por 100 en el riesgo durante el embarazo y la lactancia; el porcentaje variable determinado por el nivel de incapacidad y, en algún caso, por el tiempo de cotización, respecto de la incapacidad permanente; el porcentaje, también variable, a utilizar para la jubilación que viene determinado por una escala que crece en la medida en que se han cotizado más años. Por otra parte, *la duración* de la prestación puede depender, pero no habitualmente, también de las cotizaciones y no, como sería lo lógico, del mantenimiento de la situación de necesidad; es lo que pasa con el desempleo cuya duración, que es temporal, depende del tiempo de cotización previa en los seis años anteriores a la pérdida del empleo. No así con la incapacidad temporal, cuya prestación se mantiene mientras subsista dicha imposibilidad para el trabajo (aunque con un límite máximo de 545 días que puede ampliarse, mediante unas prórrogas especiales, hasta un total de 730 días) o con las pensiones que normalmente son vitalicias.

Una vez determinada de forma inicial la cuantía de la prestación, que no es uniforme, sino que se individualiza según las circunstancias de cuantía de la cotización previa y su duración, la prestación se percibirá de forma periódica, sea temporalmente (subsidios) o indefinidamente (pensiones). Y se *revalorizará anualmente*, salvo que se trate de prestaciones temporales o subsidios que no se revalorizan, aunque se perciban más de un año. A este efecto, el art. 58 LGSS establece que la revalorización de las pensiones contributivas tendrá lugar de acuerdo con la evolución del IPC; más concretamente, *conforme al valor medio de las tasas de variación interanual expresadas en tanto por ciento del IPC de los doce meses previos a diciembre del año anterior*. Para el año 2025, el porcentaje aplicable es del 2,8 por 100 según el art. 6 del Real Decreto 35/2025, de 21 de enero.

Reconocido el derecho a las prestaciones, *la responsabilidad de proporcionarlas corresponde a las entidades que gestionan el Sistema de Seguridad Social*. Que lo harán sin discusión en el caso de las prestaciones no contributivas ya que no hay ningún otro sujeto implicado más allá del ciudadano y la entidad gestora. Y que también lo harán en el caso de las prestaciones contributivas, pero siempre que los obligados, esencialmente el empresario si se trata de trabajadores asalariados, el propio autónomo si es un trabajador independiente, hayan cumplido correctamente con sus obligaciones de afiliación, de alta y de cotización.

Pero, si no es así, *la responsabilidad por las prestaciones puede derivarse* hacia el sujeto que ha incurrido en incumplimiento y que no es otro que el empresario respecto de sus trabajadores y el trabajador autónomo respecto de sí mismo. Como en este segundo caso no puede hacerse a la misma persona responsable y perceptora a la vez de la misma prestación, el autónomo simplemente no generará el derecho a la misma. Pero, respecto del empresario, sí es posible desplazar hacia él y desde la Seguridad Social la carga de la responsabilidad por las prestaciones debido a su incumplimiento de las obligaciones de afiliación y de alta y de cotización. Aunque la existencia misma y el alcance de la responsabilidad dependerán de si se trata de un incumplimiento mantenido o puntual, o de si el incumplimiento puede afectar a la cuantía y el tiempo de la prestación y en qué medida.

Pero el que se declare responsable al empresario no garantiza que el trabajador acabe recibiendo su prestación puesto que el empresario puede desaparecer o declararse insolvente. En estos casos, la LGSS ha impuesto el *principio de automaticidad* conforme al cual, y aunque el responsable declarado sea el empresario, la entidad gestora anticipará al menos una parte de la cuantía de la prestación, subrogándose en la posición del trabajador, respecto de esa parte, en cuanto a la reclamación dirigida al empresario que el trabajador debe mantener por el resto de la prestación. La automaticidad, sin embargo, no es general ya que operará solamente en los casos en los que los incumplimientos afectan a trabajadores en alta pero respecto de los que no se han cumplido las obligaciones de cotización, así como en los casos de empresas desaparecidas o que no puedan ser objeto de un procedimiento de apremio para el cobro de la deuda.

Si el trabajador no se encuentra en esa situación ya que el incumplimiento se refiere a las obligaciones previas de afiliación y alta (y, consecuentemente, tampoco se ha cotizado), no funciona la automaticidad sino exclusivamente, y no en todos los casos, la ***responsabilidad subsidiaria de la entidad gestora***. Por lo que el trabajador deberá reclamar a la empresa las prestaciones de las que es responsable por el incumplimiento de los actos de encuadramientos (afiliación/alta); y, caso de declararse insolvente, solo entonces podrá dirigirse el trabajador a la entidad gestora a la que le viene impuesta por ley esa responsabilidad subsidiaria. Se trata de una última garantía del cobro efectivo de las prestaciones que no impide que haya algunas que no están protegidas ni por la automaticidad ni tampoco por la responsabilidad subsidiaria, produciéndose una situación de desprotección.

IX ¿Quién y cómo se incorpora al Sistema de Seguridad Social en calidad de sujeto protegido?

La división del Sistema de Seguridad Social en *niveles prestacionales también determina reglas diferentes respecto de la delimitación de los sujetos protegidos*.

Así, en lo que se refiere *al nivel no contributivo, sus destinatarios son todos los ciudadanos (y residentes de otras nacionalidades)* que, siendo mayores de 23 años, se encuentren en una situación real y probada de necesidad económica (el caso del IMV), o, si mayores de 18 años y menores de 65, estén aquejados de un alto grado de incapacidad permanente (un 65 por 100) o tengan más de 65 años (el supuesto de las pensiones no contributivas de incapacidad o de jubilación). También, aunque con matizaciones, las personas que, en la misma situación de necesidad real, hayan agotado las prestaciones de desempleo del nivel contributivo y no puedan lograr una ocupación a pesar de buscarla y tener capacidad para desempeñarla, accediendo entonces a todas las variantes del desempleo asistencial. Y, finalmente y en cuanto a algunas prestaciones familiares por parto (que adoptan la forma de indemnizaciones a tanto alzado), quienes no tienen ingresos por encima de un cierto nivel que, a diferencia de en las pensiones no contributivas, es un umbral no de pobreza absoluta sino solo relativa. En todo caso, la prestación familiar central se otorga sin condición de recursos, como sucede con la única asignación familiar periódica existente como es la de por hijo discapacitado a cargo.

Lo característico, no obstante, del nivel no contributivo es que la condición de sujeto protegido o potencial beneficiario se obtiene de forma simultánea a la materialización de la contingencia. Es decir que solamente los ciudadanos que, careciendo de un mínimo de recursos para subsistir, o siendo inválidos en el grado del 65 por 100 o mayores de 65 años, o desempleados, o con hijos discapacitados a cargo, serán sujetos protegidos en cuanto a las prestaciones no contributivas por encontrarse, salvo en el caso de los hijos discapacitados, en situaciones reales de necesidad económica. Lo anterior significa que, dándose la contingencia, el sujeto podrá solicitar la prestación sin que se le requiera ningún tipo de requisito formal o administrativo previo como la afiliación al Sistema o la inscripción en algún tipo de lista y mucho menos que haya hecho algún tipo de contribución específica a la Seguridad Social. Es la condición de ciudadano (o residente) la que por sí misma atribuye al sujeto la condición de protegido.

Algo muy diferente sucede con las prestaciones del *nivel contributivo o profesional* ya que, al no ser este nivel de protección universal sino que se dirige exclusivamente a quienes desempeñan o han desempeñado previamente una actividad profesional y han realizado por ello aportaciones financieras previas al Sistema en forma de cotizaciones, es justamente la realización de una actividad profesional en España, y no tanto la ciudadanía ni la residencia, la que convierte a la persona en cuestión en sujeto incluido en el nivel contributivo.

En cuanto a *las actividades profesionales que hacen posible y obligan a esa inclusión* son, *en primer lugar, el trabajo asalariado o por cuenta ajena*, cualquiera que sea la modalidad contractual; de forma que, siempre que se desempeñe un trabajo asalariado y durante todo el tiempo en que se haga, el sujeto tiene la condición de protegido del Sistema (art. 136 LGSS). Otra cosa es que, debido a la peculiar estructura interna del Sistema, la adscripción concreta se haga al RGSS o a alguno de los Regímenes Especiales subsistentes, como sucede con los trabajadores de la minería del carbón o los asalariados del mar.

Junto a los asalariados, también forman parte del ámbito subjetivo de protección del Sistema (art. 136 LGSS), *los funcionarios públicos de todo tipo* (de carrera, eventuales, interinos) y de todas las Administraciones Públicas (estatal, autonómica, local, de organismos autónomos o de cualquier otro tipo de ente público) que, en gran parte, están también adscritos al RGSS pero que, en lo que se refiere a algunos (los civiles del Estado, los militares y los judiciales, ingresados antes del año 2011), siguen estándolo a su Régimen Especial.

Igualmente forman parte del RGSS (art. 136 LGSS) las personas que, sin ser estrictamente ni trabajadores ni funcionarios, desempeñan *trabajos que se asimilan por la LGSS a los de tipo asalariado o funcionarial*. Se trata de los representantes políticos (en todos sus niveles: parlamentarios europeos, diputados nacionales, provinciales y autonómicos y concejales de dedicación exclusiva); de los representantes electivos de las organizaciones empresariales y sindicales; de los altos cargos de las entidades públicas que no sean funcionarios; o, en fin, de los ministros de las diversas religiones reconocidas en España. Y también toda la gama de trabajadores que suman a esta condición la de socios trabajadores, consejeros y administradores de sociedades de capital y de sociedades laborales pero que carezcan de la capacidad de control de la sociedad porque, en este caso, quedan derivados hacia el RETA.

El *otro gran bloque de profesionales* que están incorporados como sujetos protegidos al Sistema de Seguridad Social son *los trabajadores autónomos* cuyo repertorio es igualmente amplio (art. 305 LGSS) y que incluye a todos aquellos que desempeñen de forma habitual, personal, directa y por cuenta propia o de forma independiente una actividad profesional a título lucrativo; siendo indiferente si dan o no ocupación a otras personas. *Esa lista está compuesta* por: los trabajadores autónomos económicamente dependientes; los autónomos de cualquier sector de actividad incluidos los agrarios menos los del mar que tienen su propio Régimen Especial; todos los que realizan funciones de dirección y de gerencia de sociedades sobre las que tengan un control efectivo, sea directo por titularidad mayoritaria o relevante del capital social, sea indirecto por estar distribuido el capital entre parientes cercanos; los socios industriales de sociedades regulares colectivas o comanditarias; los comuneros de las comunidades de bienes o los socios de sociedades irregulares; los socios trabajadores de las sociedades laborales que tenga la mayoría del capital y un control efectivo de la sociedad; los profesionales cuyo desempeño requiera la inclusión en un colegio profesional; los notarios y registradores; los profesionales de la salud por las actividades complementarias que realicen; los socios trabajadores de cooperativas; y, finalmente, el cónyuge y los parientes del autónomo que trabajen en el negocio familiar y no sean asalariados.

Puesto que en el nivel profesional el campo subjetivo está limitado por el desempeño de un trabajo, es necesario fijar mecanismos a través de los cuales el sujeto se incorpore a dicho campo subjetivo de aplicación y quede constancia para la entidad gestora de su condición de posible beneficiario futuro de las prestaciones profesionales. Tales mecanismos formales de establecimiento de la relación jurídica de seguridad social son los que se denominan *actos de encuadramiento* que, con carácter general, se realizan de forma electrónica mediante el llamado Sistema de Remisión Electrónica de Datos (o Sistema RED) y que difieren, como es lógico, si se trata de trabajadores asalariados o autónomos.

En cuanto a los primeros, **la empresa que contrate a los trabajadores debe estar inscrita** como tal en el Sistema de Seguridad Social (art. 138 LGSS), identificándose en ese momento ante la Seguridad Social, mediante un número (con valor en todo el territorio nacional) y una inscripción en un registro, como interlocutora y responsable de las sucesivas obligaciones de afiliación, de alta y de baja de los trabajadores a su servicio así como de las relativas a la cotización ya que el número de inscripción es a la vez el código de cuenta de cotización de la empresa. En ese momento, además, la empresa puede elegir con qué entidad va a cubrir los riesgos profesionales, si con la entidad gestora pública (el Instituto Nacional de la Seguridad Social, o INSS) o con una entidad colaboradora (una Mutua).

Identificada la empresa, el paso siguiente es individualizar ante la Seguridad Social a quienes, por desempeñar un trabajo asalariado o asimilado, adquieren la condición de sujetos protegidos. Este acto es la *afiliación* del trabajador (que se hace respecto de quien no ha trabajado nunca, por eso es única y vitalicia) o, si el trabajador ya está afiliado (teniendo ya, por tanto, un número de afiliación), *el alta*, que tendrá efectos desde el inicio de la actividad concreta hasta el cese de la misma, sea por la causa que sea. De forma que el trabajador estará en alta mientras esté trabajando (salvo en los casos de incapacidad temporal y de la prestación por nacimiento y cuidado del menor durante los cuales el alta se mantiene ya que persiste la obligación de cotizar de la empresa) y en *baja* cuando no lo haga. Por esta razón se dice que las sucesivas altas y bajas son el testimonio de la carrera profesional del sujeto, pudiendo ser tan numerosas como lo sean las incidencias de dicha carrera (ceses temporales, cambios de trabajo, extinciones y nuevas contrataciones).

En cuanto a *los autónomos*, es el propio trabajador el obligado a solicitar la afiliación y las sucesivas altas y bajas, solo que puede darse de alta y de baja a lo largo del año cuantas veces cesen o se reanuden las actividades profesionales, con efectos particulares respecto de la cotización. Por cierto que, a diferencia de los asalariados que realicen varios trabajos por los que deberán darse de alta y de baja de forma separada (lo que se denomina normalmente como "pluriempleo"), los autónomos que hagan varios trabajos de esta naturaleza, cada uno de los cuales justificaría su inclusión en el RETA, solo deberán practicar una única alta por todos ellos.

Las descritas son obligaciones formales que los sujetos obligados han de cumplir (los empresarios en el caso de los asalariados; los autónomos por sí mismos) ante la entidad de gestión de la Seguridad Social que, para todas estas cuestiones es la Tesorería General de la Seguridad Social (TGSS). Ahora bien, tanto la afiliación como, sobre todo, las altas y bajas deben ser reflejo de la realidad; es decir, que ni puede darse de alta a quien no trabaja efectivamente, ni tampoco darse de baja a quien lo sigue haciendo. Lo que no evita que tengan lugar prácticas, contrarias a la ley, conforme a la cuales se dé de alta a trabajadores que no realizan actividad profesional alguna con el fin de generar el derecho a alguna prestación (las llamadas altas de favor); de la misma manera que no es inhabitual que las empresas o los autónomos retrasen el momento del alta (aunque el trabajador ya esté realizando su actividad) o adelanten la baja (aunque el trabajo se siga desempeñando) como una forma de eludir las obligaciones de cotización asociadas al alta. Por no hablar de los casos en que existe un incumplimiento total de la obligación de alta ya que, pese a desarrollarse el trabajo, éste nunca aparece ante la Seguridad Social como centro de imputación de obligaciones, no existiendo formalmente para ésta.

Frente a estas situaciones hay que indicar que los actos de encuadramiento son una formalidad obligada pero que tienen carácter declarativo, es decir, que deben reflejar la realidad sin posibilidad de adulterarla. De manera que, si un trabajador no está en alta, debiendo estarlo, siempre podrá declararse esa alta con efectos retroactivos a instancias del propio trabajador o de oficio a consecuencia de la actuación inspectora, pudiendo la TGSS reclamar las cotizaciones debidas, si no prescritas, por el tiempo que media entre el inicio del trabajo y la fecha formal del alta. Y, en cuanto a las prestaciones en las que se requiere el alta, no estándolo el trabajador, aunque fuera obligado porque desempeña efectivamente una actividad profesional que le obliga a ello, su ausencia puede cubrirse, para los trabajadores asalariados y solo para algunas prestaciones, mediante el mecanismo ya visto del alta presunta o de pleno derecho.

Si, en cambio, el alta es ficticia porque no responde a ninguna actividad profesional, igualmente puede la TGSS dar de baja de oficio al trabajador sin que, en principio, proceda devolución alguna de las cotizaciones ingresadas, como una forma de penalizar lo que no puede calificarse sino como fraude a la Seguridad Social. Y, en consecuencia, el alta formal no tendrá ningún efecto ya que, para la Seguridad Social, dicho trabajador es como si nunca hubiera estado incluido en el campo de aplicación de la Seguridad Social de tipo profesional.

X. ¿Cómo se gestiona la Seguridad Social?

Como se señaló al inicio, el art. 41 CE exige que la *gestión del Sistema de Seguridad Social sea pública*. Esto significa, teniendo en cuenta además el reparto competencial que el art. 149.1. 17ª de la misma CE establece en materia de Seguridad Social, que el *Estado es el que asume esa tarea de gestión*. Pudiendo hacerlo de forma directa el Ministerio competente (en España el Ministerio de Inclusión Social, Seguridad Social y Migraciones, y, dentro de él, la Secretaría de Estado para la Seguridad Social), o dando origen a organizaciones colectivas públicas de tipo mutualista con participación de trabajadores y empresarios, la opción elegida en España ha sido la de crear, bajo la tutela del Ministerio competente, órganos públicos especializados para llevar a cabo dicha gestión.

Así lo establece el *art. 66 LGSS* el cual reclama que la gestión del Sistema de Seguridad Social se realice conforme a los principios de simplificación, racionalización, economía de costes, eficacia social y descentralización. Todo lo cual determina una gestión unitaria y especializada a cargo de una serie de organismos creados específicamente al efecto. Ahora bien, *la referencia del art. 66 LGSS* a tres organismos como el Instituto Nacional de la Seguridad Social (INSS), el Instituto Nacional de Gestión Sanitaria (INGESA) y el Instituto de Mayores y Servicios Sociales (IMSERSO) *es equívoca y tiene que ser matizada*. Por las siguientes razones:

En primer lugar, porque si se parte de que todo lo relativo al Sistema Nacional de Salud no es Seguridad Social y que, además, está transferido a las Comunidades Autónomas, el *INGESA* no es más que un organismo estatal de coordinación de la política sanitaria pero que no tiene ninguna intervención en el ámbito de las prestaciones económicas.

En segundo lugar, porque, si bien es cierto que el *IMSERSO* tiene la competencia de gestión sobre una serie de servicios sociales marginales y complementarios de las prestaciones de Seguridad Social (básicamente dirigidos a pensionistas y discapacitados), estos servicios han sido asumidos, en su mayoría y como es lógico, también por las Comunidades Autónomas de acuerdo con su competencia sobre los Servicios Sociales en virtud de la referencia constitucional a la Asistencia Social del art. 148. 20ª. Y, aunque el art. 66 LGSS atribuye igualmente al IMSERSO la gestión de las pensiones no contributivas de jubilación y vejez, lo cierto es que también esta tarea ha sido transferida a las Comunidades Autónomas mediante los pertinentes convenios de colaboración. El papel gestor, pues, del IMSERSO en el Sistema de Seguridad Social es más bien testimonial.

En tercer lugar, porque, hecha la depuración anterior, el ente central del Sistema de Seguridad Social, en lo que hace a la gestión y administración de las prestaciones económicas del Sistema, es sin duda el *INSS* (art. 66.1, a) LGSS). Pero no solo él ya que también existe el Servicio Público de Empleo Estatal (*SEPE*), en el futuro inmediato Agencia española de Empleo, competente para gestionar todo lo relativo al empleo incluyendo, en lo que aquí interesa, lo que se llaman las políticas pasivas de empleo y que se concretan en la protección frente al desempleo. Por este motivo, el art. 294 LGSS se refiere al SEPE calificándolo directamente como entidad gestora integrada, a estos efectos, dentro del Sistema de Seguridad Social.

En cuarto lugar, porque, la Tesorería General de la Seguridad Social (***TGSS***), verdadero órgano de gestión en lo que se refiere a la financiación, al régimen presupuestario, a la recaudación y a la administración de los fondos del Sistema de Seguridad Social con sumisión a los principios de solidaridad financiera y caja única (art. 74 LGSS), no se considera legalmente una entidad gestora sino un Servicio Común del Sistema. Aunque comparta con los anteriores tener una personalidad jurídica pública propia y se someta a las mismas reglas de funcionamiento que las entidades gestoras, como así lo indica el mismo art. 74.2 LGSS. La calificación de la TGSS como Servicio Común no debe engañar acerca de su relevancia; mucho más cuando su competencia sobre lo financiero ha llevado al Tribunal Constitucional a asignarle también todo lo relacionado con los actos de encuadramiento en la medida que se consideran instrumentales a la cotización y, en consecuencia, algo incluido en la referencia del art. 149.1.17ª CE al régimen económico de la Seguridad Social, que es competencia exclusiva atribuida al Estado.

En quinto lugar, porque, además de la TGSS existen otros importantes Servicios Comunes del Sistema de Seguridad Social como sucede con la trascendental ***Gerencia de Informática de la Seguridad Social*** (art. 74 bis LGSS) debido a la digitalización masiva de todo lo relacionado con la vida profesional de los afiliados al Sistema en cuanto instrumento, hoy prácticamente imprescindible, para una eficiente gestión de las prestaciones. E igualmente cabe hacer referencia al Servicio Jurídico de la Administración de la Seguridad Social.

En sexto lugar, porque, debido a la subsistencia de algunos regímenes especiales, aún sobrevive, como ente de gestión del Régimen Especial de los Trabajadores del Mar, el Instituto Social de la Marina (***ISM***), así como las Mutualidades que gestionan parte de la Seguridad Social de los funcionarios públicos que permanecen adscritos a su Régimen Especial. Se trata de las Mutualidades de Funcionarios Civiles del Estado (***MUFACE***), de los funcionarios militares o Instituto Social de las Fuerzas Armadas (***ISFAS***) y de los funcionarios de la Administración de Justicia o Mutualidad General Judicial (***MUGEJU***).

El carácter público de la gestión del Sistema español de Seguridad Social no impide que se abran espacios para la ***colaboración privada*** que se concretan en la actividad al respecto de las Mutuas Colaboradoras con la Seguridad Social (simplificadamente, Mutuas) y de las propias empresas. Tal colaboración es parcial ya que se refiere sólo a una serie de prestaciones, está sometida a reglas muy rigurosas contenidas en los arts. 80 a 102 LGSS además de un control financiero y de funcionamiento por parte de la Secretaría de Estado de Seguridad Social. Tanto que, dejando al margen la puntual colaboración de las empresas concretas, la de las Mutuas está fuertemente publificada hasta el extremo de que se las califica como entidades privadas que cumplen funciones materialmente públicas, rigiendo sobre ellas la prohibición, contenida en el art. 4.3 LGSS, de que la Seguridad Social pueda servir de fundamento a operaciones de lucro mercantil.

En cuanto a las ***Mutuas*** hay que subrayar que se trata de ***entidades privadas***, constituidas por voluntad asociativa de unos empresarios concretos exclusivamente para colaborar con los entes públicos en la gestión de la Seguridad Social respecto de determinadas prestaciones en cuanto afectan a sus trabajadores. Se trata de asociaciones para cuya ***constitución*** se exigen requisitos rigurosos en cuanto al mínimo de empresas (50), trabajadores afectados (30.000), y volumen mínimo de cotización (20 millones de euros), cumplidos los cuales podrán ser autorizadas por el Ministerio competente para colaborar con la gestión del Sistema (art. 81 LGSS).

Surgidas inicialmente para colaborar en la *gestión de la cobertura de los riesgos profesionales (esto es, de los accidentes de trabajo y de las enfermedades profesionales) han ido ampliando paulatinamente su campo de actuación* pudiendo abarcar la protección de la contingencia de incapacidad temporal por riesgos comunes y las prestaciones por riesgo durante el embarazo y la lactancia (debido a su naturaleza profesional). Y, de forma obligada porque así lo establece la LGSS, la prestación por cuidado de hijo con enfermedad grave y muchas de las asociadas a los trabajadores autónomos como la de incapacidad temporal y cese de actividad (art. 80 LGSS).

La *lógica de funcionamiento de las Mutuas* es la siguiente. Una vez creadas, la asociación a las mismas es libre por parte de las empresas (no tanto en cuanto a los trabajadores autónomos) que podrán ignorarlas eligiendo al INSS, o podrán cambiar de Mutua libremente si bien el tiempo de asociación mínimo es de un año. La asociación de la empresa debe abarcar, sin exclusión, a todos sus trabajadores, aunque el ámbito territorial es el de la provincia de forma que una empresa con centros de trabajo en diversas provincias puede estar asociada a Mutuas distintas. Las Mutuas se consideran lo que se llaman como sociedades abiertas en el sentido de que no pueden rechazar la solicitud de asociación de ninguna empresa (para evitar una selección de las empresas en función de sus posibles costes, el tipo y características de su plantilla o su nivel de siniestralidad), ni tampoco dar por finalizado el contrato de asociación por impago de cuotas (por el efecto de desprotección que ello tendría sobre los trabajadores).

Los *ingresos de las Mutuas* proceden de la cotización que, recaudada por la TGSS, les es parcialmente transferida (según los riesgos que cubran) después de una deducción de parte de esas cuotas para financiar el funcionamiento general del Sistema y para proveer de fondos a la TGSS con los que hacer frente a posibles responsabilidades secundarias en materia esencialmente de riesgos profesionales (el llamado reaseguramiento de los riesgos profesionales, por ejemplo). Una vez ingresadas las cuotas, éstas no son de libre disposición por parte de las Mutuas ya que, al margen de la prohibición de lucro mercantil y de la limitación de los gastos de administración, las Mutuas han de constituir con los excedentes una serie de *reservas financieras* que garantizan el pago de las prestaciones cuya gestión asume. Una dimensión financiera rígidamente sometida al control del Ministerio pertinente (arts. 95 a 97 LGSS).

El art. 102 LGSS también prevé la *colaboración de las empresas* respecto de su personal. *Mediante dos modalidades*: la llamada *voluntaria*, según la cual las empresas (previo cumplimiento de una serie de condiciones y con autorización del Ministerio) pueden libremente asumir a su cargo, con la correspondiente reducción de la cotización, la contingencia de incapacidad temporal por riesgos profesionales; y la colaboración *obligatoria*, constitutiva de lo que se llama pago delegado, según el cual las empresas pagarán a sus trabajadores determinadas prestaciones (incapacidad temporal, nacimiento y cuidado de hijos, desempleo parcial) que no serán a su cargo porque posteriormente podrán descontar su cuantía de las cotizaciones a abonar a la TGSS.

XI. ¿De qué forma se financia la Seguridad Social?

El Sistema de Seguridad Social se financia con ingresos que proceden tanto de las cotizaciones como de los presupuestos generales del Estado, lo que permite calificarlo como un sistema mixto (art. 109. 1 LGSS). Pues bien, teniendo presente que uno de los principios del Sistema de Seguridad Social es el denominado *principio de separación de fuentes de financiación,* hay que decir que las prestaciones de nivel contributivo deben financiarse básicamente con las cuotas abonadas por empresarios y trabajadores, sean asalariados o autónomos; mientras que las prestaciones de nivel no contributivo habrán de hacerlo mediante impuestos que se materializarán a través de transferencias financieras desde el Estado a la Seguridad Social establecidas en las LPGE de cada año.

En todo caso, la separación de fuentes de financiación se ha concretado en la *disposición adicional 32ª LGSS*, donde se establece qué costes de qué prestaciones se asumen por el Estado donde, además de las prestaciones no contributivas, se cita expresamente el coste de los beneficios, exenciones y reducciones en materia de cotización, tan frecuentes en tiempos de crisis de diverso origen, el de las pensiones de jubilación a edades anteriores a la estándar debido a la naturaleza particularmente penosa del trabajo, el de las lagunas de cotización, el de las pensiones de jubilación anticipada llamada involuntaria, así como el incremento de la cuantía de las prestaciones contributivas que están sujetas a límite de ingresos debido a la naturaleza asistencial de este incremento. Además, la DA 32ª LGSS establece que también serán a cargo del PGE la prestación por nacimiento y cuidado del menor, las pensiones y subsidios en favor de familiares y la de orfandad cuando la causante fuera mujer y hubiera fallecido como consecuencia de la violencia de género. Como puede apreciarse, un repertorio amplio de prestaciones, complementos o costes que dejan de gravar la parte del presupuesto de la Seguridad Social constituido por las cotizaciones. Una liberación que se establece con la evidente finalidad de contribuir al equilibrio financiero del Sistema.

Junto al principio de separación de fuentes de financiación citado cabe mencionar otros principios financieros del Sistema de Seguridad Social como son el principio general de estabilidad presupuestaria; el de reparto; el de garantía; y el de sostenibilidad financiera y unidad de caja.

El sistema de financiación de la Seguridad Social, aunque de naturaleza mixta, se caracteriza por una mayor relevancia cualitativa y cuantitativa de las cotizaciones. *Esta obligación*, impuesta legalmente a ciertos individuos y entidades, se traduce en el abono, por los periodos estipulados y en los plazos establecidos, de una cantidad compuesta básicamente por tres sumandos: cotización por contingencias comunes (CC), por contingencias profesionales (CP), y por desempleo, y, eventualmente, por horas extraordinarias; también por la cotización al Fondo de Garantía Salarial (FOGASA) y formación profesional (FP), aunque éstas últimas no tienen relación directa con la Seguridad Social. De tal manera que los *sujetos obligados a cotizar*, teniendo presente únicamente el RGSS, serán distintos según el sumando de que se trate: a) caso de las contingencias comunes, desempleo y horas extraordinarias, son sujetos obligados el empresario y el trabajador; y, b) caso de las contingencias profesionales, el único sujeto obligado es el empresario. Distinta de la condición de sujeto obligado es la de *sujeto responsable del ingreso de las cuotas* que, para el caso del RGSS, únicamente será el empresario, quien a tal efecto procederá a la liquidación de las cuotas mediante alguno de los tres sistemas previstos en el art. 22 LGSS, aunque básicamente es el de la liquidación directa, similar al que se maneja en el sistema tributario, cuyo borrador es remitido por la TGSS al empresario a partir de los datos suministrados por el mismo.

En cuanto a los *elementos de la obligación de cotizar* (cuya regulación se encuentra en la LPGE de cada año (o norma de urgencia alternativa) y en la correspondiente Orden anual por la que se establecen las normas de cotización) se concreta en el ingreso de una cuota total que a su vez se compone de varias subcuotas que, en el caso del RGSS, se traduce en las cuatro subcuotas ya mencionadas (cuota por CC, CP, desempleo y, si se han realizado, por horas extraordinarias). Cada una de estas subcuotas tiene reglas específicas para calcular la Base de Cotización (BC) y a cada una de esas BC se les aplicará unos tipos o porcentajes diferentes de cotización. De manera que, siguiendo una lógica semejante a la tributaria, *la cuota final es el resultado de aplicar a una determinada BC el porcentaje legalmente establecido en las correspondientes normas anuales.* Lo importante es, pues, determinar los dos elementos de la obligación de cotizar: BC y tipo o porcentaje de cotización.

Por lo que hace a la *BC* se define como la *remuneración total, cualquiera que sea su forma o denominación, en metálico o en especie, que con carácter mensual tenga derecho a percibir el trabajador, así como las percepciones de vencimiento superior al mes que se prorratean a lo largo del año*, caso, por ejemplo, de las pagas extraordinarias (art. 147 LGSS y art. 23 del Real Decreto 2064/1995, de 22 de diciembre, Reglamento General de Cotización). *En general, se puede decir que en la BC se incluyen prácticamente todas las retribuciones y percepciones económicas que recibe el trabajador en la empresa;* quedando, por tanto, *excluidos únicamente los siguientes conceptos,* recogidos en los preceptos citados y con las limitaciones que allí se indican por referencia a la Ley del Impuesto de la Renta de las Personas Físicas: dietas y asignaciones de viaje; indemnizaciones por fallecimiento y las correspondientes a traslados, suspensiones, despidos y viajes; prestaciones de Seguridad Social y mejoras y asignaciones asistenciales. Queda también excluida la remuneración por horas extraordinarias, que tiene su propia y particular fórmula de cotización.

Para las CC, la BC, fijada conforme lo explicado, es preciso que se encuentre comprendida entre una *base máxima y mínima de cotización;* de forma que, si la misma es superior, el exceso no se tendrá en cuenta, y, si es menor al tope mínimo, se incrementará hasta el tope. Estos topes se fijan en las correspondientes LPGE (o mediante normas extraordinarias en caso de prórroga presupuestaria) y en la Orden de Cotización anual teniendo en cuenta que, para el caso de las *bases mínimas,* directamente relacionadas con el Salario Mínimo Interprofesional, se han establecido hasta 4 bases diferentes, según determinadas categorías profesionales, de un total de 11, al margen de la base mínima diaria común para las categorías profesionales más bajas. Por su parte la *base máxima de cotización será común* para todos los Regímenes del Sistema de Seguridad Social *y para todas las categorías profesionales*, formulándose también por meses o días, según los grupos profesionales. Por su parte, la BC por contingencias profesionales y desempleo es igual a la BC por CC más las horas extraordinarias, si se han realizado; mientras en la cotización por horas extraordinarias, la BC es la cuantía de estas en el mes de referencia.

En lo que hace a la cuota total a pagar, se compone de la suma de varias subcuotas, cada una de las cuales se calcula de forma separada aplicando ***porcentajes o tipos distintos***. De este modo hay que diferenciar:

a) Cotización por contingencias comunes o generales. Se compone de una cuota obrera y una cuota patronal. Para hallarlas, a la BC por CC, calculada como se ha dicho antes, se le aplica un tipo o porcentaje del 28,3 por 100, del que el 23,6 por 100 corresponde a la empresa y el 4,7 por 100 al trabajador. Como forma de desincentivar los contratos temporales de duración inferior a 30 días, el art. 28 de la Orden PJC/178/2025, de 25 de febrero, por la que se desarrollan las normas legales de cotización a la Seguridad Social, desempleo, protección por cese de actividad, Fondo de Garantía Salarial y formación profesional para el ejercicio 2025 establece que el empresario deberá abonar, al fin del contrato, una cotización adicional de 32,60 euros. Salvo en los casos de los trabajadores agrarios, los empleados del hogar, los mineros del carbón o los artistas; también quedan excluidos los contratos por sustitución y los contratos formativos.

b) Cotización por accidentes de trabajo y enfermedad profesional. Se compone únicamente de una cuota patronal, que se denomina prima de accidentes de trabajo y enfermedades profesionales. Para calcularla, a la BC se le ha de aplicar como tipo de cotización el porcentaje total correspondiente de la tarifa de primas, variable según la siniestralidad del sector; tarifa regulada en la disposición adicional 4ª de la Ley 42/2006, de 28 de diciembre, de Presupuestos Generales del Estado para el año 2007.

c) Cotización por desempleo. Se utiliza la misma BC que para la cotización por CP y el tipo aplicable es diverso en función de la modalidad contractual, más alta, por ejemplo, en el caso de contratos temporales de muy corta duración; de ahí que se trate de tipos que se especifican anualmente, en la correspondiente LPGE (o su prórroga o su norma excepcional alternativa) y en el art. 33 de la Orden de cotización. Con un tipo estándar del 7,05 por 100 (5,5 a cargo de la empresa; 1,55 a cargo del trabajador), se incrementa al 8,30 por 100 en los casos de contratos temporales (6,70 a cargo de la empresa, 1,60 a cargo del trabajador).

d) Cotización por horas extraordinarias. El tipo aplicable a la BC por horas extraordinarias varía según que se trate de horas extraordinarias causadas por fuerza mayor que será un 14 por 100, del que el 12 por 100 es a cargo de la empresa y el 2 por 100 para el trabajador); o sean horas extraordinarias normales, cuyo tipo será el establecido para la cotización por contingencias comunes (el 28,3 por 100, con el reparto habitual).

La cuota final será, por tanto, el resultado de la suma de las distintas subcuotas calculadas con los porcentajes o tipos indicados. A estas subcuotas se le pueden aplicar posteriormente bonificaciones o reducciones que, con carácter general, son exenciones, totales o parciales, o reducciones porcentuales o de cuantía fija respecto de todas o sólo de algunas de las cotizaciones, siendo, a su vez, temporales o con una duración igual a la del contrato a la que afectan. Normalmente este tipo de beneficios se practica respecto solo de las contingencias comunes y sirven como forma de incentivo de determinado tipo de contrataciones (indefinidas) o de concretos colectivos (autónomos, trabajadores mayores o discapacitados) así como para afrontar determinadas situaciones de crisis económicas, muchas veces originadas por circunstancias de fuerza mayor (pandemia, sequías u otros fenómenos naturales que afectan directamente y de forma grave a la actividad empresarial).

Junto a las cotizaciones anteriores, que son las generales, existen otras dos cotizaciones añadidas desde la reforma de las pensiones de finales de 2022, completada por la de marzo de 2023, orientadas a garantizar la sostenibilidad financiera del Sistema de Seguridad Social.

Tales son, de una parte, la llamada *cotización adicional de solidaridad* (art. 19 bis LGSS) que se aplica a las retribuciones que excedan el tope máximo de cotización y que, hasta ahora, estaban exentas de dicha carga. Se llama de solidaridad porque es una cotización adicional que grava esencialmente a los trabajadores con mayores ingresos, tanto que exceden el tope máximo de cotización (en el año 2025, 4.909,51 euros/mes) Es el exceso el que queda gravado con una escala que va desde el 5,5 por 100 al 7 por 100, según la cuantía del exceso, distribuyéndose la cotización de igual forma que la cotización por CC. Aunque la Disp. Transit. 42ª LGSS establece un periodo transitorio de aplicación desde el año 2025 al 2045 que hace que, en concreto, para el año 2025, la cotización adicional de solidaridad, según la Orden de cotización, se sitúe entre el 0,92 y el 1,17 por ciento (art. 17).

La otra cotización especial es la que se enmarca en el llamado *Mecanismo de Equidad Intergeneracional* (MEI), que consiste en una cotización finalista y general que no sirve para el cálculo de las prestaciones y que tiene como objetivo el de preservar el equilibrio entre generaciones y fortalecer la sostenibilidad financiera del Sistema. La cotización para el año 2025 se fija por el art. 16 de la Orden de cotización en el 0,80 por 100 (0,67, para la empresa; 0,13, del trabajador) y se ingresa, junto con los excedentes de cotizaciones si existieran, en el Fondo de Reserva de la Seguridad Social (arts. 117 y ss. LGSS) previsto para hacer frente a los desajustes financieros del Sistema y como instrumento para garantizar la existencia de recursos cuando estos desajustes, debido al envejecimiento de la población y el incremento del coste de las pensiones, se manifiesten a lo largo de los próximos años. También aquí se prevé un amplio periodo transitorio de adaptación desde el año 2023 al 2029 (Disp. Transit. 43ª LGSS) en el que se alcanzará un porcentaje de cotización del 1,2 por 100 (correspondiendo el 1 por 100 al empresario y el 0,2 por cien al trabajador).

Por último, la *obligación de cotizar nace* con el comienzo de la prestación de servicios (art. 144 LGSS); de manera que, aunque el empresario haya incumplido con sus obligaciones formales de afiliación o alta, la obligación se mantiene mientras el trabajador preste sus servicios, extinguiéndose únicamente con la baja del trabajador. Esta obligación prescribe a los cuatro años a contar desde que las cuotas debieron ser ingresadas (art. 24 LGSS).

Naturalmente que *las reglas anteriores varían si se trata de trabajadores autónomos* ya que, de la misma forma que son los obligados a afiliarse y darse de alta, son ellos también los únicos obligados a cotizar y, en consecuencia, responsables de esa obligación frente a la Seguridad Social. Puesto que, en la actualidad, los trabajadores autónomos están protegidos obligatoriamente frente a todas las contingencias, su cotización es triple ya que no cotizan obviamente por horas extraordinarias, componiéndose de la cotización por contingencias comunes, de la cotización por riesgos profesionales y de la cotización por cese de actividad que es equivalente al desempleo de los asalariados.

La diferencia, hasta el año 2023, ha residido en que la BC de los autónomos no dependía de sus ingresos efectivos, sino que eran una escala de distintas BC, de cuantía igual por niveles o escalones pero crecientes, entre las que el trabajador autónomo elegía la de su preferencia, tuviera o no que ver con sus ingresos efectivos. No obstante, a partir de enero de 2023, se ha implantado una forma de cotización para los trabajadores autónomos que busca que la misma se realice, como en el caso de los asalariados, sobre sus ingresos reales. Así lo prevé el art. 18 de la Orden de cotización. Solo que, al no existir una retribución predeterminada como lo es el salario, la cotización de los autónomos se hace sobre los ingresos netos estimados, los cuales determinan la BC a utilizar y sobre la que se aplican los tipos pertinentes. Si bien, como se trata de una estimación, dicha cotización se regulariza en el ejercicio siguiente de conformidad con la declaración del IRPF del año anterior, pudiendo el autónomo recibir transferencias de la TGSS si tales ingresos han sido menores que los previstos, o debiendo hacer un ingreso adicional si, por el contrario, han superado tales previsiones. En todo caso, el cambio de forma de cotización respecto de los autónomos, dada su relevancia y complejidad, está sometido a un amplio y gradual periodo transitorio de aplicación.

Elegida la BC, sirve para todas las subcotizaciones y sobre ella se aplica, en el caso de las contingencias comunes, el mismo porcentaje que para los trabajadores asalariados. No sucede lo mismo con las contingencias profesionales para las que la Orden de cotización para el año 2025 establece un tipo estándar del 1,30 por 100, del que el 0,66 por ciento corresponde a la incapacidad temporal y el 0,64 por ciento a las contingencias de incapacidad permanente y muerte y supervivencia. En cambio, para el cese de actividad el porcentaje a aplicar, según la misma Orden de cotización, es del 0,90 por 100. Los autónomos también cotizan para el MEI aplicándoseles un tipo del 0,80 por ciento sobre la BC por contingencias comunes.

Por último, hay que indicar, que, en los momentos actuales y debido a la acumulación de factores políticos, sanitarios y derivados de la naturaleza, todos ellos con un fuerte impacto en la actividad por cuenta propia, en su propia continuidad y permanencia y en los beneficios resultantes, la cotización de los autónomos se beneficia de un gran abanico de reducciones, subvenciones y exenciones, sea en general, sea según el tipo de trabajador autónomo (inicial, joven, agrario, que contrate a un primer asalariado, etc.) y las contingencias frente a las que se protege (aunque los beneficios suelen aplicarse, como en el caso de los asalariados, solo a la cotización por CC).

XII. ¿De qué manera se articula la acción protectora en el nivel no contributivo?

Las *prestaciones que integran el nivel no contributivo de protección* son tres: *el ingreso mínimo vital, las pensiones de invalidez o de jubilación y las prestaciones familiares*. Se trata de prestaciones que, como ya se ha dicho, se configuran como beneficios de carácter universal y asistencial; lo que significa que para ser beneficiario de este tipo tutela es preciso acreditar, salvo en el caso de la asignación por hijo a cargo discapacitado, la carencia de un determinado nivel de ingresos, ya se trate de una carencia básica (para el ingreso mínimo vital y para las pensiones de vejez e invalidez), ya relativa (para algunas prestaciones familiares del tipo indemnización por parto). Por tanto, *la contingencia (o situación protegida) por estas prestaciones es la carencia real de recursos* que se objetiva mediante el denominado **umbral de la pobreza** o nivel de ingresos que quedan establecidos anualmente en la correspondiente LPGE.

La regulación de estas prestaciones se encuentra en el Título VI LGSS que a su vez comprende dos Capítulos: uno primero, dedicado a las prestaciones familiares (arts. 351 a 361 LGSS) y otro segundo, a las pensiones de invalidez y jubilación no contributiva (arts. 363 a 372 LGSS). Normas a las que hay que añadir la Ley 19/2021, de 20 de diciembre, por la que se establece en el Sistema de Seguridad Social, el ingreso mínimo vital; Ley que, con muy variadas modificaciones, ha sustituido a la norma originaria, es decir, el Real Decreto-ley 20/20, de 30 de mayo.

A) Las prestaciones familiares

En cuanto a las prestaciones familiares (arts. 351-361 LGSS y art. 24 del Real Decreto 35/2025, de 21 de enero, sobre limitación de la cuantía inicial de las pensiones públicas y revalorización de las pensiones del sistema de la Seguridad Social, de las pensiones de Clases Pasivas del Estado y de otras prestaciones sociales públicas para el ejercicio 2025) comparten un objetivo común: proteger o compensar el incremento de gastos que el cuidado de un hijo discapacitado o el nacimiento o adopción de un hijo puedan ocasionar en una familia, teniendo en cuenta la distinta situación económica de ésta, sus especiales circunstancias (familias monoparentales, familias numerosas, discapacidad del progenitor, etc.). Estas prestaciones familiares se concretan en tres:

> *a) Asignación económica por hijo o menor a cargo discapacitado.* En este caso, se protege la situación de necesidad motivada por el incremento de gastos que ocasiona el cuidado de un hijo (extensible también a la adopción y el acogimiento) menor de 18 años o mayor de esta edad, con un grado de discapacidad variable, sea el 33 por 100 en el caso de los hijos discapacitados menores de 18 años, o el 65 por 100 en el supuesto de hijos mayores de edad, siempre que en ambos casos el hijo conviva y dependa económicamente (esté a cargo) de la persona encargada de su cuidado (generalmente los progenitores); por lo que no podrá realizar ningún trabajo por cuenta propia o ajena o, caso de hacerlo, sus ingresos no podrán ser superiores al SMI.
>
> En estas prestaciones, pese a ubicarse en el nivel no contributivo, no se exige la carencia de recursos ya que su disfrute no está condicionado a esta circunstancia. La prestación, por tanto, se otorga como forma de protección de la carga

económica que implica tener un hijo discapacitado a cargo, totalmente al margen de si el solicitante de la prestación, o su unidad económica familiar, tienen o no recursos suficientes para subsistir. En todo caso, la cuantía de esta prestación puede oscilar entre un mínimo para el caso del menor discapacitado (1.000 euros/año) hasta un máximo para el supuesto de hijo mayor de edad con una discapacidad igual o superior al 75 por 100 (8.707,20 euros/año), pasando por el caso de hijo mayor de edad, discapacitado en un 65 por 100 (5.805,60 euros/año), según el art. 65 del Real Decreto-ley 1/2025, de 28 de enero, que ha venido a sustituir y a actualizar a la LPGE para el año 2025 no aprobada y que ha ocasionado la segunda prórroga de la LPGE del año 2023.

b) Prestación económica por nacimiento o adopción de hijo en supuestos de familias numerosas, monoparentales y de madres con discapacidad. La situación protegida es semejante a la anteriormente descrita si bien la cuantía de la prestación será una cantidad única y fija de 1.000 euros (art. 24 del Real Decreto 35/2025. En cuanto a la protección por nacimiento o adopción de hijo la regla general es que esta prestación sólo se reconozca a partir del tercer hijo (familia numerosa), salvo que, tratándose de un segundo hijo, éste nazca con una discapacidad igual o superior al 33 por 100, o ya existiese un hijo con esa discapacidad. Por lo que hace a la madre con discapacidad es preciso que ésta tenga un grado reconocido igual o superior al 65 por 100. A diferencia de las otras dos prestaciones, y confirmando su carácter asistencial, para obtenerla se requiere prueba de recursos siendo, en consecuencia, una prestación a tanto alzado que se concede a hogares en los que su volumen de recursos no supera un cierto nivel, establecido anualmente por la LPGE y que, para el año 2025, el art. 24 del Real Decreto 35/2025 fija en 14.952 euros/año; y, si se trata de familias numerosas, 22.501 euros/año, para el año 2024; incrementándose en 3.646 euros/año por cada hijo o hija a partir del cuarto.

c) Prestación por parto o adopción múltiples. Esta prestación está limitada a los supuestos de partos múltiples. No obstante, el incremento por razón de nacimiento de hijos a partir del segundo no es progresivo sino lineal tomando como referente el SMI (por ejemplo, 4 veces el SMI cuando sean dos hijos, 8 cuando sean tres, y hasta 12 veces si son cuatro o más). Se trata de una prestación que se concede al margen de los recursos de la unidad familiar, quedando justificada exclusivamente por el hecho del obvio incremento de carga económica que la familia soporta por el nacimiento o adopción múltiple.

B) Las pensiones de invalidez y de jubilación no contributivas

Estas pensiones comparten *los siguientes dos requisitos generales:*

a) Nacionalidad o residencia legal en España. Si bien, en el caso de la invalidez, se exige que el beneficiario haya residido en territorio español durante como mínimo cinco años (carencia genérica) de los cuales al menos dos años habrán de ser inmediatamente anteriores a la fecha de la solicitud (carencia específica). Mientras que en el caso de la jubilación la carencia genérica se eleva a diez años debiéndose cumplir entre los dieciséis años y la edad de devengo de la pensión, e igualmente la carencia específica será de dos años consecutivos e inmediatamente anteriores a la solicitud de la prestación.

b) Carencia de recursos que, en estas dos prestaciones no contributivas, requiere una doble exigencia en la medida en que el cómputo de ingresos debe hacerse teniendo en cuenta dos esferas de imputación (art. 363 2 y 4 LGSS). Así, primero, habrá de tenerse en cuenta el nivel de ingresos del solicitante comparándolo con el fijado anualmente en la LPGE *(esfera individual)*; y, una vez constatado que no supera tal límite, entonces, y sólo para el caso de que el solicitante conviva en una unidad familiar, habrá de atenderse a los ingresos de ésta *(esfera familiar)*.

Junto a estos dos requisitos generales cada una de estas prestaciones requiere sus propios ***requisitos específicos o característicos:*** *a) La pensión de no contributiva de invalidez* exige para ser beneficiario de la misma, por un lado, que el sujeto tenga una edad comprendida entre 18 años y 65 años; y, por otro, que le haya sido declarado por el órgano autonómico competente un grado de discapacidad o enfermedad crónica igual o superior al 65 por 100; *b) La pensión no contributiva de jubilación* exige que el solicitante haya cumplido la edad de 65 años.

En cuanto a la ***determinación de la cuantía*** de ambas pensiones no contributivas hay que decir que la misma se fija anualmente en la LPGE; para el año 2025 es el art. 65.5 del Real Decreto-ley 1/2025 el que la fija en 7.905,80 euros/año), igual que sucede en el caso de las prestaciones familiares. Sin embargo, y a diferencia de estas, la pensión definitiva que por razón de invalidez o de edad (vejez) perciba finalmente el sujeto no necesariamente será la establecida legalmente ya que habrá de tenerse en cuenta, una vez más, su situación económica y familiar *(la anteriormente llamada doble esfera)*. Así, si el ***beneficiario no convive en una unidad familiar*** la cuantía de la pensión será la que resulte de restar a la fijada en la LPGE (o norma de urgencia alternativa) los ingresos que éste pudiera tener siempre que, obviamente, sean inferiores al umbral de pobreza. Por el contrario, ***caso de convivir en una unidad familiar***, primero se haría la operación anterior, y posteriormente, se sumaría el importe resultante a los ingresos obtenidos en la unidad de convivencia, tomando en consideración las reglas sobre acumulación de recursos que anualmente establece la LPGE o norma alternativa en caso de prórroga. En ambos casos, y siempre que naturalmente no se supere el umbral de recursos fijado, se garantizará al solicitante la percepción del 25 por 100 de la cuantía mínima legal.

C) El Ingreso Mínimo Vital

La última de las prestaciones no contributivas que se ha incorporado al elenco de estas es el *ingreso mínimo vital*. Es una prestación que se otorga a quien, sea porque vive solo y de forma independiente, sea porque lo hace integrado en una unidad de convivencia formada por su cónyuge o pareja de hecho y por los parientes hasta el segundo grado inclusive, se encuentra en situación de ***vulnerabilidad económica***, es decir, que carece de los recursos mínimos necesarios para garantizar su subsistencia y la de los integrantes de su unidad de convivencia. Una situación de vulnerabilidad que varía según se trate de un peticionario individual o de una unidad de convivencia y en relación con la cual se computan los recursos que los interesados puedan obtener en su conjunto.

Establecida y probada la situación de necesidad, para tener derecho al ingreso mínimo vital ***es necesario reunir determinadas condiciones de edad*** (como regla general, para ser titular de la prestación es necesario tener 23 años) y ***de vida independiente*** durante tres o un año (si se trata de una persona que solicita de forma individual el ingreso mínimo y según si tiene menos o más de 30 años). Aunque la Ley 19/2021 no regula directamente el tema de la incompatibilidad entre el IMV y otras *prestaciones, contributivas o no contributivas, tanto de la Seguridad Social, de las CCAA o de carácter privado,* lo cierto es que, cuando se trata de determinar los ingresos computables a efectos de la situación de vulnerabilidad económica, el importe de todas esas prestaciones debe sumarse a los posibles ingresos de los solicitantes. Lo que la Ley 19/2021 no impide es que las CCAA establezcan la incompatibilidad, total o parcial, de sus propias prestaciones de garantía de recursos de subsistencia, de existir, con el IMV.

El ingreso mínimo vital es una prestación económica *cuya cuantía, al ser de garantía de recursos, se fija por la ley* (ordinaria o, más normalmente, presupuestaria) y que, en la actualidad es igual a la de las pensiones no contributivas. En todo caso, la cuantía del ingreso mínimo varía según quién lo solicite y la composición de la unidad de convivencia que se beneficia de él; de forma que, partiendo de una cuantía estándar para el caso del solicitante individual, dicha cuantía se incrementa en función de la composición de la unidad de convivencia y dependiendo de si en dicha composición hay menores y según su número y edad concreta. Todo ello conforme a unas escalas que figuran en los anexos de la Ley 19/2021.

Finalmente, el ingreso mínimo vital se concede por *una duración indefinida*, es decir, que no está limitado en el tiempo, manteniéndose el derecho a su percibo siempre que se sigan reuniendo los requisitos necesarios para ello. Lo que hace necesaria una labor de control que, en lo económico, la realizará el INSS en colaboración con los organismos fiscales de las comunidades autónomas; y que, en lo más estrictamente social (domicilio, personas convivientes, vínculos de parentesco, vida independiente, etc.) se hará por las entidades dedicadas a la asistencia social, sean autonómicas, locales o, incluso, organizaciones del tercer sector a las que la Ley 19/2021 denomina mediadores sociales.

XIII. ¿Qué son y cuál es el régimen jurídico de los subsidios del nivel contributivo de prestaciones?

Las prestaciones económicas que el sistema de Seguridad Social prevé para hacer frente a las situaciones de necesidad pueden tener un carácter temporal o provisional en la medida en que se abonan sólo por un cierto tiempo. En este grupo se encuentran las siguientes prestaciones: incapacidad temporal, las vinculadas al nacimiento y cuidado del nacido y el ejercicio responsable del cuidado del lactante (antes denominadas prestaciones de maternidad y de paternidad, respectivamente), las referidas al riesgo durante el embarazo y la lactancia, al cuidado de menor enfermo de cáncer u otras enfermedades graves y la protección por desempleo. Este bloque de prestaciones temporales constituye los llamados *subsidios del Sistema de Seguridad Social*.

A) La prestación de incapacidad temporal

El art. 169 LGSS establece cuáles son los tres elementos esenciales para que la prestación de incapacidad temporal pueda ser reconocida al trabajador:

> *a) alteración de la salud que imposibilita para el trabajo,* y que debe estar presente en el momento de acceso a la prestación, pero, también, a lo largo de todo el proceso de curación; lo que determina que esa incapacidad igualmente se tutela, salvo excepciones, en el caso de diferentes trabajos, relación con cualquier otro trabajo distinto del habitual.

> *b) limitación temporal de dicha imposibilidad para el desempeño del trabajo*: el tiempo de duración máximo, que no mínimo, de la situación de incapacidad temporal es de 545 días distribuido de la siguiente manera: a) un tramo o fase inicial de trescientos sesenta y cinco días, o tiempo inicial de la IT; y, b) otro tramo de ciento ochenta días más, denominado "prórroga ordinaria" cuando se presuma que durante este tiempo de prórroga el trabajador puede ser dado de alta médica por curación (art. 169.1 LGSS). Es precisamente esta idea de posible curación la que igualmente justifica que la incapacidad temporal sea una de las causas de suspensión del contrato de trabajo (art. 45 ET).

> *c) intervención de la Seguridad Social* en cuanto al control de la situación incapacitante.

A partir de la conjunción de estos tres elementos es posible definir *la contingencia como la imposibilidad trabajar (con pérdida de la capacidad de ganancia), de duración limitada, debida a causas de índole patológica y que determina la suspensión de la relación laboral*. Un concepto también utilizable en relación con los trabajadores autónomos, aunque la concurrencia de la enfermedad incapacitante determina la suspensión, no del contrato de trabajo, que no existe, sino de la actividad del autónomo.

En cuanto a *los requisitos que son exigibles para tener derecho a la prestación* se concretan en los *dos requisitos generales* propios de las prestaciones de naturaleza contributiva: estar afiliado y en alta y tener cubierto un determinado periodo de carencia (art. 165.1 LGSS). *Por lo que respecta al requisito de alta o asimilada,* además de ser de aplicación el mecanismo de flexibilización del alta presunta o de pleno derecho cuando el origen de la contingencia sea profesional (art. 165.3 LGSS), son situaciones asimiladas al alta a efectos de poder causar derecho a la prestación de incapacidad temporal, entre otras: el desempleo voluntario, total y subsidiado y el resto de situaciones temporales (las vinculadas al nacimiento y cuidado y las referidas al riesgo durante el embarazo y la lactancia). ***En cuanto al segundo requisito como es la carencia,*** se exige un periodo previo de cotización de 180 días comprendidos en los cinco años inmediatamente anteriores al hecho causante, aunque solamente referido al caso en el que la IT tiene como origen una enfermedad común.

Asimismo, su naturaleza profesional o contributiva condiciona la forma de ***cálculo de la cuantía de esta prestación***; lo que supone que, para la base de cálculo o BR, habrán de ser tomadas en cuenta las bases de cotización previas. Además, resultará determinante la naturaleza de la contingencia (que el riesgo haya sido común o profesional) ya que el distinto origen de la situación está presente a la hora de fijar la cuantía final de la prestación (tanto para determinar la BR como el porcentaje aplicable). De este modo es posible diferenciar:

a) IT derivada de contingencias comunes. ***La cuantía*** de este subsidio se calcula en función de cuál haya sido la cotización por contingencias comunes del mes inmediatamente anterior al hecho causante *(**BR=BC del mes anterior**)* y a esta base se aplica un porcentaje que será variable según el momento de la IT: 60 por 100, desde el cuarto al vigesimoprimer día, incrementándose el porcentaje al 75 por 100 a partir de ese momento. La percepción del subsidio sigue la siguiente ***secuencia temporal***: a) durante los tres primeros días la regla general es que el sujeto no perciba ni salario ni prestación; b) a partir del cuarto día y hasta el decimoquinto, ambos inclusive, el subsidio va a ser a cargo del empresario; c) y, finalmente, desde el decimosexto día y hasta su conclusión, el pago del subsidio correrá a cargo de la entidad responsable, INSS o Mutua Colaboradora.

b) IT derivada de contingencias profesionales. ***La cuantía de la BR*** se calculará igualmente de conformidad con las reglas anteriores, si bien utilizando, obviamente, la BC que se haya manejado para la cotización por riesgos profesionales. Concretada la BR se le aplicará un porcentaje uniforme del 75 por 100, percibiendo el trabajador el subsidio desde el primer día de la baja.

El control de esta prestación, dada su evidente dimensión sanitaria, es compartido por servicios públicos de salud, el INSS, las Mutuas y las empresas autorizadas para colaborar voluntariamente durante el tramo o fase inicial de los trescientos sesenta y cinco días de duración de la IT. Mientras que, agotada la fase de duración inicial de la IT, el control sobre el tiempo de la prórroga ordinaria o tramo segundo será competencia exclusiva del INSS. El control de la situación médica del trabajador se formaliza a través de ***los correspondientes partes de baja, confirmación y alta:***

1. Parte de baja, que es imprescindible para percibir la prestación económica por IT, constituyendo *el acto que origina la iniciación de las actuaciones conducentes al reconocimiento del derecho al subsidio por IT.*

2. Partes de confirmación de la baja, que se extenderán en función del periodo de duración del proceso de IT que estime el médico al que hubiese correspondido emitir el parte de baja, conforme a la siguiente escala: a) procesos de duración estimada muy corta (inferior a cinco días naturales); b) procesos de duración estimada corta (entre cinco y treinta días naturales); c) procesos de duración estimada media (entre treinta y uno y sesenta días naturales); d) procesos de duración estimada larga (superior a sesenta y un días naturales).

3. *Parte de alta médica.* Que es causa de extinción de la IT (art. 174 LGSS), pudiendo ser un alta médica por curación, por mejoría o por declaración de incapacidad permanente.

La IT *se extingue* por el agotamiento de los 365 días de duración inicial, la incomparecencia injustificada a los reconocimientos médicos y la jubilación o fallecimiento del propio beneficiario. En cuanto a la extinción de la IT por causa de agotamiento, una vez alcanzados los 365 días *(o tramo inicial)* puede suceder que la situación de IT se prorrogue 180 días más *(prórroga ordinaria)*; de manera que la situación de IT finalmente dure 545 días desde su inicio.

Pero, también puede suceder que agotados los 365 días (e incluso el tiempo de prórroga ordinaria) el sujeto *siga percibiendo el subsidio de IT.* Esto es así porque se abre entonces lo que se conoce como *prórrogas extraordinarias, que no forman parte de la IT (puesto que ya está extinguida),* sino que son un tiempo de espera en el que se prorroga la percepción del subsidio por IT. Estas *prórrogas extraordinarias son dos*: a) duración máxima de tres meses desde la finalización del tiempo de IT hasta que se califique al sujeto de incapaz permanente en alguno de sus grados; b) una prórroga del subsidio por IT hasta un máximo de 730 días desde que inició la IT, para el caso de que se prevea que durante ese tiempo de prorroga el sujeto puede recuperar la capacidad para el trabajo. En ningún caso las prórrogas extraordinarias son tiempo de IT, aunque se perciba la prestación correspondiente.

B) Las prestaciones económicas por razón de nacimiento y cuidado del lactante

Entre los supuestos de suspensión de la relación de trabajo previstos en la normativa laboral (art. 45 ET) se encuentran *las situaciones de nacimiento y cuidado del menor, el ejercicio responsable del cuidado del lactante, las referidas a la situación de riesgo durante el embarazo y la lactancia, así como el cuidado de un hijo menor enfermo de cáncer u otra enfermedad grave.* Todas estas situaciones configuran un cuadro de protección cuyo objetivo último es proteger, desde el ámbito de la Seguridad Social, las situaciones de necesidad vinculadas a la situaciones de embarazo, parto y postparto cuando éstas originan la suspensión de la prestación de servicios y la consecuente pérdida temporal de los salarios o ingresos: bien sea a causa del parto, la adopción, la guarda con fines de adopción o el acogimiento que lleven consigo el cuidado del menor, por el ejercicio responsable del cuidado del lactante hasta los doce meses de edad de éste; o bien, por la incompatibilidad entre trabajo y embarazo o/y lactancia.

Es, pues, *la suspensión de la prestación de servicios en los términos previstos en la normativa laboral la que configura la contingencia o situación protegida por el Sistema de Seguridad Social a través de una serie de prestaciones económicas,* en tanto que sustitutivas de los ingresos dejados de percibir. Lo que explica que se analicen en un mismo bloque. En relación con los trabajadores autónomos, también pueden acceder a estas prestaciones, si bien el impacto de las situaciones protegidas es, de nuevo, la interrupción de la prestación profesional como tal autónomo debido a motivaciones de descanso, de conciliación de la vida laboral y familiar o de incompatibilidad de su trabajo con la situación de embarazo o lactancia natural.

a) La prestación por nacimiento y cuidado del menor

Además de la situación de maternidad en sentido propio (o biológico) y de paternidad, se consideran igualmente situaciones protegidas por la prestación por nacimiento y cuidado del menor (art. 177 LGSS): la adopción; la guarda con fines de adopción o acogimiento, de conformidad con el Código Civil o las leyes civiles de las Comunidades Autónomas que lo regulen, siempre que su duración no sea inferior a un año, de menores de seis años o de menores de edad mayores de seis años con discapacidad o que por sus circunstancias y experiencias personales o por provenir del extranjero, tengan especiales dificultades de inserción social y familiar debidamente acreditadas por los servicios sociales competentes. *Por otra parte, y sin olvidar obviamente la dimensión biológica de la maternidad, lo cierto es que con esta prestación también se quiere facilitar el cuidado del hijo recién nacido, fomentando al tiempo los lazos o vínculos de afecto entre los padres y el hijo durante los primeros meses de vida de éste.*

Los *requisitos para acceder a la prestación por nacimiento y cuidado del menor,* que será concedida simultáneamente a la madre y al padre, son los generales de las prestaciones de tipo contributivo: *alta o asimilada y carencia* que, en el caso de esta prestación, *varía en función de la edad de la persona trabajadora: a) menor de 21 años*: no se exigirá ningún periodo de carencia; *b) entre 21 años y 26 años:* se exige un periodo de carencia de 90 días dentro de los siete años inmediatamente anteriores al inicio del descanso, o alternativamente 180 días a lo largo de su vida laboral; y, c) para el caso de ser *mayor de 26 años,* la carencia exigible será de 180 días dentro de los siete años anteriores o alternativamente 360 días a lo largo de su vida laboral.

Para la determinación de la *cuantía de este subsidio* se tienen en cuenta los dos elementos característicos de las prestaciones del nivel de protección contributivo. Así, la cuantía se establece aplicando a la BR de la prestación (cuya cuantía es igual a la BC de cotización de mes anterior al momento del parto, *BR=BC del mes anterior*) el porcentaje del 100 por 100. Por su parte, el *tiempo de duración de la prestación* es, como regla general, de dieciséis semanas, con independencia del sexo del padre, progenitor o acogedor. La duración es ampliable en dos semanas más por cada hijo a partir del segundo (dieciocho semanas en caso de parto doble; veinte semanas en caso de parto triple, etc.). Para el caso de que el hijo sea discapacitado la duración de este tiempo de descanso será de dieciocho semanas. Este tiempo de descanso está configurado en dos momentos bien diferenciados (art. 48 ET).

Así, las seis semanas inmediatamente posteriores al parto constituyen el **denominado descanso obligatorio**, tanto para la madre como para el padre, que habrán de disfrutarse a jornada completa y de manera ininterrumpida. El resto de la duración del descanso hasta las 16 semanas tiene **naturaleza voluntaria**. En este caso, y a diferencia de lo que sucede en el descanso obligatorio, este tiempo podrá ser disfrutado de forma acumulada e interrumpida, en períodos semanales o en régimen de jornada completa o a tiempo parcial; pudiéndose ejercitar desde la finalización del tiempo de descanso obligatorio hasta que el menor cumpla doce meses. No obstante, la madre biológica podrá anticipar el disfrute del permiso, y la prestación subsiguiente, hasta cuatro semanas antes de la fecha previsible del parto.

Junto a la prestación económica descrita, de naturaleza contributiva, hay que hacer referencia a un supuesto especial de protección, *aunque de naturaleza no contributiva (art. 181 LGSS),* dirigido igualmente a tutelar a las trabajadoras que, en caso de parto, reúnan todos los requisitos establecidos para acceder al subsidio por nacimiento y cuidado del menor excepto el periodo mínimo de cotización computado conforme a los criterios anteriores. La protección prevista en este supuesto especial consiste en el reconocimiento de una prestación de contenido económico cuya cuantía será igual al 100 por 100 del IPREM que es un indicador público de renta efectos múltiples cuya cuantía se fija por la LPGE de cada año. No habiendo sido aprobada para el año 2025, sigue manteniendo los valores del año 2023, es decir, 8.400 euros/año en 14 pagas, 600 euros/mes y 20 euros/día y su duración será de 42 días naturales, como regla general.

b) La prestación por corresponsabilidad en el cuidado del lactante

La *contingencia o situación protegida* por esta prestación es la reducción de la jornada de trabajo en media hora que, de acuerdo con lo previsto en el párrafo cuarto del art. 37.4 ET, lleven a cabo con la misma duración y régimen los dos progenitores, los adoptantes o los guardadores con fines de adopción o acogedores de carácter permanente para el cuidado del lactante desde que cumpla nueve meses hasta los doce meses de edad, y siempre que ambos trabajen (art. 183 LGSS).

Los *requisitos de acceso* a esta prestación económica por ejercicio corresponsable del cuidado del lactante serán los mismos y en idénticas condiciones que los establecidos para la prestación por nacimiento y cuidado de menor antes señalada. En cuanto a la *cuantía de la prestación* consistirá en un subsidio equivalente al 100 por 100 de la BR establecida para la prestación de incapacidad temporal derivada de contingencias comunes, en proporción a la reducción que experimente la jornada de trabajo. Esta prestación se extinguirá cuando el o la menor cumpla doce meses de edad.

c) Las prestaciones por riesgo durante el embarazo y la lactancia

La prestación por riesgo durante el embarazo protege la situación de necesidad originada cuando se produce una *absoluta incompatibilidad entre el desempeño de su actividad laboral y la situación de mujer embarazada y, consecuentemente, la relación de trabajo se suspende* (art. 186 LGSS). Para que esta protección despliegue sus efectos no sólo resulta necesario que quede constatada la necesidad de cambio de puesto de trabajo, sino que, además, es imprescindible que el cambio no sea factible debido a una imposibilidad técnica u objetiva. Por tanto, como se ha dicho, la contingencia tiene lugar con la suspensión del contrato de trabajo ya que tal medida implica que la trabajadora deja de percibir su salario, generándose así la situación de necesidad que merece la protección que dispensa el Sistema de Seguridad Social.

Los *requisitos de acceso* son los mismos que los previstos para la prestación económica de incapacidad temporal por contingencias profesionales. En cuanto a la *determinación de su cuantía*, su calificación como contingencia de naturaleza profesional determina que la BR sea equivalente a la establecida para la prestación de IT derivada de contingencias profesionales (art. 187.3 LGSS) sobre la que se aplicará un porcentaje del 100 por 100 (esto es, el mismo porcentaje que el que se aplica para el cálculo de las prestaciones por nacimiento y cuidado del menor) en lugar del 75 por 100 (característico de la IT por riesgo profesional).

El derecho al subsidio nace el mismo día en que se inicie la suspensión del contrato de trabajo. Por lo que respecta a su *duración* hay que señalar, con carácter general, que la misma se mantiene mientras exista la causa de incompatibilidad entre trabajo y embarazo; por tanto, la fecha de finalización podrá ser, bien la correspondiente al día en que se finalice la suspensión del contrato por nacimiento y cuidado del menor, o bien la de su reincorporación a la empresa en otro puesto de trabajo porque éste ya fuera compatible con el estado de embarazo (art. 187.2 LGSS). La prestación *se extingue* si la trabajadora pierde su trabajo ya que, como se ha dicho, el origen de la protección está en la incompatibilidad entre trabajo y embarazo; también se extingue, lógicamente, si la beneficiaria fallece o se produce la interrupción del embarazo.

Por lo que hace a la *prestación por riesgo durante la lactancia* su regulación es prácticamente la misma que la indicada para la de riesgo durante el embarazo (arts. 188 LGSS). En cuanto a su extinción tendrá lugar en el momento en que el hijo cumpla nueve meses, salvo que la beneficiaria se haya reincorporado con anterioridad a su puesto de trabajo anterior o a otro compatible con su situación, en cuyo caso se extinguirá el día anterior al de dicha reincorporación (art. 189 LGSS).

d) La prestación por cuidado de menores afectados por cáncer u otra enfermedad grave

El art. 190 LGSS prevé el reconocimiento de una prestación económica a los progenitores, adoptantes, guardadores con fines de adopción o acogedores de carácter temporal o permanente, para que puedan dedicarse al cuidado de un menor que se encuentre a su cargo y esté afectado de cáncer o cualquier otro tipo de enfermedad grave que requiera hospitalización por un periodo de tiempo prolongado y tratamiento continuado de la enfermedad. Por tanto, *la contingencia (o hecho causante) se actualiza, a efectos del reconocimiento del derecho a la prestación, cuando tenga lugar la reducción de la actividad laboral por razón de ese cuidado.*

Los *requisitos de acceso* a esta prestación serán los mismos que los previstos para la establecida por nacimiento y cuidado del menor. La *cuantía* de la prestación se determinará tomando la BR de la IT derivada de riesgos profesionales y en proporción a la reducción que experimente la jornada de trabajo (art. 192.1 LGSS). Esta prestación se *extinguirá* cuando cese la necesidad del cuidado directo, continuo y permanente del hijo o del menor sujeto a acogimiento o a guarda con fines de adopción del beneficiario, o cuando el menor cumpla los 23 años o los 26 años si la persona enferma tiene un grado de discapacidad igual o superior al 65 por 100 (art. 192.2 LGSS).

C) La protección por desempleo: contributivo y asistencial.

La LGSS define la situación protegida por la prestación de desempleo de nivel contributivo como *"la situación necesidad de quien pudiendo y queriendo trabajar pierde su empleo o ve reducida su jornada ordinaria de trabajo"*. Así pues, el riesgo que afronta la prestación por desempleo no es otro que el de la pérdida, y no tanto la mera carencia, del empleo. Los elementos que configuran la contingencia son tres: *a) involuntariedad en la decisión de abandonar el trabajo; b) posibilidad de desempeñar un trabajo, entendida esta en términos de capacidad o aptitud; c) ocupación previa* (art. 262 LGSS).

En cuanto a los ***requisitos de acceso*** a la prestación por desempleo contributivo hay que decir que el sujeto debe cumplir los *requisitos generales* de estar *afiliado y en alta o asimilada al alta* (art. 165.1 LGSS) y reunir un *periodo de carencia* de 360 días en los seis años anteriores a la situación legal de desempleo (art. 266 b) LGSS). Junto a los anteriores, esta prestación exige igualmente que el sujeto reúna los siguientes ***requisitos específicos*** (art. 266 c) LGSS): a) la necesidad de encontrarse en una *situación legal de desempleo* de las recogidas en el art. 267 LGSS; b) acreditar disponibilidad para *buscar activamente empleo*; y, c) *aceptar una colocación adecuada* (definida en el art. 301 LGSS) a través de la suscripción del llamado acuerdo de actividad al que se refiere el art. 300 LGSS que formaliza la disponibilidad del sujeto a encontrar y aceptar un empleo adecuado (por contenido, lugar y retribución respecto del desempeñado previamente, art. 301 LGSS). Completa el cuadro de requisitos de acceso que el sujeto no tenga la edad ordinaria para acceder a la pensión de jubilación.

La determinación de la ***cuantía de la prestación económica*** se calcula aplicando el esquema general de cálculo (*Cuantía = % BR*). La BR es el resultado del promedio de la base por la que se haya cotizado por esta contingencia durante los últimos 180 días anteriores al nacimiento de la situación legal de desempleo. A esta BC se aplicará un *porcentaje variable*. Así, durante los primeros ciento ochenta días, el porcentaje es del 70 por 100, reduciéndose a partir de ese momento a un 60 por 100. Sin embargo, esta cuantía está sometida a unos topes mínimos y máximos en función de si el trabajador tiene o no hijos y de cuál sea el número de estos. En concreto, el *tope mínimo* es del 107 por 100 o del 80 por 100 del IPREM, en función de si el trabajador tiene o no hijos a su cargo, respectivamente. Lo mismo cabe decir respecto del *tope máximo* que, en función del número de hijos (ninguno, uno, o dos o más), se fija en el 175 por 100, 200 por 100 y el 225 por 100 del IPREM, respectivamente.

La duración de la prestación viene determinada por el tiempo cotizado durante los seis años anteriores al desempleo con arreglo a una escala que va desde 120 días prestación correspondiente a un periodo de cotización comprendido entre 360 hasta 539 días; hasta el máximo que son 720 días de prestación por 2.160 días cotizados (art. 269 LGSS). Por último, mientras dure la percepción del subsidio económico existe la obligación de cotizar por la Entidad Gestora (SEPE) en beneficio del trabajador a efectos de futuras prestaciones.

Por lo que hace a la ***prestación por desempleo asistencial*** (que ha sido ampliamente modificada por el Real Decreto-ley 2/2024, de 21 de mayo) cumple la función de garantizar la protección económica a los trabajadores desempleados que, o bien hayan agotado la prestación de nivel contributivo, o bien no tengan derecho a la misma por no reunir la carencia mínima legal, siempre que se encuentren en alguno de los supuestos definidos en el art. 274 LGSS.

Tales son: a) haber agotado la prestación por desempleo y carecer el interesado de rentas propias u obtenerlas por debajo del nivel de pobreza, utilizando como referencia el 75 por 100 del SMI; b) haber agotado la prestación por desempleo y tener responsabilidades familiares, considerando que tales existen si el conjunto de las rentas de la unidad familiar formada por el cónyuge o la pareja de hecho y los hijos menores de 26 años, incluyendo también las de la persona solicitante, dividido por el número de miembros arroja una cifra inferior también al 75 por 100 del SMI. La edad también determina las posibilidades de acceso al nivel asistencial por desempleo ya que que, si se es mayor de 45 años o menor de esa edad pero con responsabilidades familiares, el acceso al subsidio, cumpliendo los requisitos anteriores de carencia de agotamiento del desempleo contributivo y carencia de rentas, es directo. Si, en cambio, se trata de menores de 45 años sin responsabilidades familiares, el acceso al subsidio solamente será posible si se ha agotado antes un desempleo contributivo de duración igual o superior a los 365 días.

Otras alternativas del subsidio asistencial por desempleo son posibles en los supuestos de: a) ser trabajador español emigrante retornado; b) ser trabajador mayor de cincuenta y dos años, debiendo el desempleado reunir todos los requisitos, menos la edad, para acceder a la prestación de jubilación, haber cotizado en España por desempleo al menos 6 años y carecer de rentas propias por encima del 75 por 100 del SMI, sin que se tengan en cuenta los ingresos de los demás miembros de la unidad de convivencia; y c) quienes no hayan podido acceder al nivel contributivo de prestaciones por no reunir el periodo de carencia mínimo para el desempleo contributivo pero se encuentre en situación legal de desempleo y haya cotizado al menos noventa días.

Los *requisitos de acceso* a la prestación de nivel asistencial son dos: a) no haber rechazado oferta de empleo adecuada ni haberse negado, salvo causa justificada, a participar en acciones de formación, promoción o conversión profesional; y, b) la carencia de rentas de cualquier naturaleza superiores en cómputo mensual, al 75 por 100 del SMI, excluida la parte proporcional de las pagas extras. El *derecho al subsidio por desempleo asistencial nace* a partir del día siguiente del hecho causante, debiendo solicitarlo el sujeto en el plazo de quince días hábiles siguientes y suscribir en la fecha de la solicitud el acuerdo de actividad. La *duración del subsidio asistencial es variable*, aunque la regla general es que el máximo sea de 6 meses prorrogables, por periodos semestrales, hasta un máximo de 30 meses, dependiendo de si el solicitante es menor o mayor de 45 años, si existen responsabilidades familiares, circunstancia en la que la edad deja de ser relevante, y de la duración del desempleo contributivo que haya agotado. En el caso del subsidio para mayores de 52 años, su duración se extenderá hasta que el interesado cumpla la edad ordinaria de jubilación (66 años y 8 meses, en el año 2025) La *cuantía* es un porcentaje decreciente del IPREM que va desde el 95 por ciento los primeros 180 días, el 90 por ciento desde el día 181 al 360 y el 80 por ciento, a partir del día 361.

Finalmente, el art 282 LGSS establece una serie de reglas en materia de compatibilidad entre la percepción del desempleo contributivo y del asistencial tanto con otras prestaciones del Sistema como con el desempeño de un trabajo, sea por cuenta propia o ajena. Particularmente hay que llamar la atención acerca de la compatibilidad del subsidio por desempleo con el trabajo, sea a tiempo parcial o completo, que se materializa en un llamado **complemento de apoyo al empleo (CAE);** de forma que si el subsidio por desempleo se compatibiliza con un trabajo se transforma en un CAE, con una cuantía variable en porcentaje del IPREM según la intensidad del trabajo que se compatibiliza (el 75, el 50 o el 15 por ciento) y con una duración máxima de 180 días (art. 282 LGSS). En definitiva, se trata de reglas cuya finalidad es incentivar la permanencia en activo de los trabajadores desempleados, permitiéndoles seguir percibiendo algún porcentaje de la prestación en función del tipo y calidad del empleo que compatibilicen con el subsidio.

XIV. ¿Cuáles son las pensiones contributivas que proporciona la Seguridad Social y con qué requisitos?

En el bloque de las prestaciones económicas que el Sistema de Seguridad Social prevé para hacer frente a las situaciones de necesidad que tienen un carácter definitivo o permanente se encuentran *las pensiones,* dentro de las que se incluyen las siguientes: incapacidad permanente, jubilación y por muerte y supervivencia (viudedad, orfandad y en favor de familiares).

A) La pensión de incapacidad permanente

El art. 193 LGSS define la *contingencia protegida* por la prestación de incapacidad permanente como *"la situación del trabajador que, después de haber estado sometido al tratamiento prescrito, presenta reducciones anatómicas o funcionales graves, susceptibles de determinación objetiva y previsiblemente definitivas, que disminuyan o anulen su capacidad laboral"*. Cuatro son, por tanto, los elementos que integran la situación protegida: a) sometimiento previo al tratamiento médico prescrito; b) reducciones anatómicas y funcionales graves: c) secuelas previsiblemente definitivas; y d) disminución o anulación de la capacidad laboral.

La situación de incapacidad permanente puede ser *calificada en grados* según sea su repercusión sobre la capacidad para el trabajo. La evaluación y declaración de la incapacidad permanente tiene lugar a través de un complejo procedimiento denominado *"calificación de la incapacidad permanente"* y su competencia recae en el *Equipo de Valoración de Incapacidades (EVI)* (RD 1300/1995, de 21 de julio). Estos grados son cuatro (art. 194 LGSS): 1. *Incapacidad Permanente Parcial (IPP)*, que es aquélla que, sin alcanzar el grado de total, ocasiona al trabajador una reducción de su capacidad laboral superior al 33 por 100 en su rendimiento normal para su profesión habitual, sin impedirle la realización de las tareas fundamentales de la misma; 2. *Incapacidad Permanente Total (IPT)*, cuando esa reducción de su capacidad le imposibilita para desempeñar las tareas fundamentales de su profesión u oficio, aunque no le impida desarrollar otros trabajos; 3. *Incapacidad Permanente Absoluta (IPA),* cuando la incapacidad le inhabilita para desarrollar cualquier tipo de trabajo, si bien esto no impide que pueda desarrollar otros trabajos, gratuitos o incluso retribuidos siempre que compatibles con su estado; 4) *Gran Invalidez (GI)*, cuando el trabajador afectado por la incapacidad (que puede ser, en su inicio, total o absoluta) necesita la ayuda de otra persona para realizar los actos más elementales de la vida tales como vestirse, desplazarse, comer, etc.

Los *requisitos de acceso* a esta prestación económica de naturaleza contributiva son los generales de *alta o asimilada* y reunir un determinado *periodo de carencia*. Por lo que respecta a la exigencia de alta, la misma sólo resulta de aplicación para las situaciones de IPParcial y total derivada de contingencias comunes ya que, en el caso de IPA y GI derivada igualmente de contingencias comunes, es posible obtener la prestación sin estar en alta, previo cumplimiento de un requisito especial de carencia de quince años (art. 195.3 LGSS). En todo caso, no se exige carencia alguna en relación con la incapacidad derivada de contingencias profesionales o accidente, aunque no sea laboral.

En cuanto al ***requisito de cotización*** respecto de la incapacidad derivada de enfermedad común, se establece por tramos de edad pudiendo diferenciarse dos situaciones: a) ***Cuando el trabajador es menor de 31 años,*** el tiempo de carencia exigido será la tercera parte del tiempo transcurrido entre la fecha de cumplimiento de los 16 años de edad y la del hecho causante de la IP; b) ***Para el caso de que el trabajador tenga cumplidos los 31 años de edad,*** el periodo de carencia exigido será la cuarta parte del tiempo transcurrido entre la fecha en que éste haya cumplido los 20 años y el día en que se haya actualizado la contingencia, con un mínimo, en todo caso, de cinco años. Además de esta carencia genérica se requiere que, al menos, la quinta parte del periodo cotizado esté comprendido dentro de los diez años inmediatamente anteriores al hecho causante. Como se ha dicho, en los casos de incapacidad derivada de riesgos profesionales o de accidente no laboral, no se exige carencia alguna.

La ***determinación de la cuantía*** sigue el esquema tradicional: ***BR y un porcentaje aplicable a esa base***, salvo en el caso de la IPParcial y en algunos supuestos de IPTotal (menores de 60 años) en los que se otorga es una cantidad a tanto alzado. Sin embargo, no existe una BR común ya que depende, tanto del grado de incapacidad como del tipo de riesgo (común o profesional).

Establecida la BR de la prestación, para fijar la cuantía final aún habrá que aplicar ***un porcentaje determinado por el grado de incapacidad*** (art. 196 LGSS), salvo para la IPParcial donde la prestación consiste en una indemnización a tanto alzado: **a)** ***IPT***: con carácter general, la prestación económica consistirá en una pensión vitalicia igual al 55 por 100 de la BR; este porcentaje se incrementará en un 20 por 100 cuando se trate de la IPT denominada *"cualificada"* (trabajador con una edad mínima de 55 años); **b)** ***IPA***: pensión igual al 100 por 100 de la BR; y, **c)** ***GI***: la pensión verá incrementada su cuantía con un complemento destinado a remunerar a la persona cuyo auxilio necesita el gran inválido. La cuantía que resulte se verá mejorada por el *"complemento de pensiones contributivas para la reducción de la brecha de género"* (art. 60 LGSS); se trata de un complemento que unicamnete puede concederse a uno de los dos progenitores. En principio, va dirigido a las mujeres, pero igualmente podrán solicitarlo los padres siempre que justifiquen que se han visto más perjudicados en su carrera laboral.

En todo caso el carácter previsiblemente definitivo de las lesiones no impide que éstas puedan ser ***revisadas por razón de mejoría, empeoramiento o error, cualquiera que sea su grado*** (art. 200 LGSS).

Por último, hay que hacer referencia a las ***lesiones permanentes no invalidantes*** definidas en el art. 201 LGSS como aquellas lesiones, mutilaciones y deformidades de carácter definitivo, *siempre de origen profesional* que, o bien no tienen entidad suficiente como para constituir un supuesto de IP, siquiera sea en el grado más bajo; o bien, no han sido tenidas en cuenta para valorar la IP reconocida. Este tipo de lesiones o dolencias se protegen mediante una ***indemnización a tanto alzado*** cuya cuantía se determinará en función del baremo establecido por la Orden ISM/450/2023, de 4 de mayo, por la que se actualizan las cantidades a tanto alzado de las indemnizaciones por lesiones, mutilaciones y deformidades de carácter definitivo y no incapacitantes.

B) La pensión de jubilación

Conforme el art. 204 LGSS, la **situación protegida o contingencia** la constituye el **cese en el trabajo por cuenta ajena** (y también por cuenta propia) que, como regla general, habrá de ser **voluntario, total y definitivo, vinculado al cumplimiento de una edad pensionable fijada por el legislador**. De manera que dos son los elementos que configuran esta prestación: *a) el cese voluntario en el trabajo; y, b) el cumplimiento de una concreta edad.*

Asimismo, y en tanto que esta prestación funciona como una herramienta de política de empleo, su actual regulación oscila entre el objetivo de propiciar la permanencia en activo de los trabajadores de una cierta edad; lo que se traduce en elevar la edad estándar u ordinaria de jubilación y en el diseño de fórmulas para prolongar la vida activa, más allá de dicha edad ordinaria, así como de mecanismos de flexibilidad y gradualidad de la jubilación. Y el objetivo de la reordenación del mercado laboral y de las reestructuraciones empresariales (lo que conlleva la previsión de nuevas formas de anticipación de la edad pensionable en la que el sujeto puede abandonar el mercado con anterioridad a la edad estándar). Resultado de lo anterior, es posible diferenciar las siguientes modalidades o tipo de jubilación

a) jubilación Ordinaria o estándar: que establece la edad ordinaria en 67 años (art. 205. 1 LGSS), si bien, por obra de la disposición transitoria 7ª LGSS, se ha establecido una aplicación progresiva de esta edad ordinaria, de forma que para el año 2025 la edad ordinaria de jubilación es de 66 años y 8 meses. Se trata de una *edad mínima que no actúa en ningún caso como límite legal al desarrollo de una actividad laboral.*

b) anticipación de la edad ordinaria de jubilación. Junto a la edad de jubilación ordinaria antes indicada el art. 206 LGSS prevé la posibilidad de *edades ordinarias de jubilación reducidas para ciertos tipos de grupos o actividades profesionales* cuyos trabajos sean de una naturaleza tóxica, peligrosa o insalubre y acusen un elevado índice de morbilidad o mortalidad. También se permite *anticipar (reducir) la edad ordinaria de jubilación para el caso de trabajadores que acrediten una discapacidad* (206 bis LGSS) en un grado igual o superior al 65 por 100 o al 45 por 100. Lo que justifica que se haya establecido una edad ordinaria de jubilación reducida es que, en un caso, se trata de actividades que producen un deterioro en la salud personal de quienes las desempeñan, mayor mientras más tiempo lo hacen. Y, en el otro, que son trabajadores prácticamente imposibilitados para desempeñar un trabajo a partir de cierta edad o debido a una determinada condición personal de mayor fragilidad como es el caso de los discapacitados.

c) jubilación anticipada (arts. 207 y 208 LGSS) que, a diferencia del supuesto anterior, lo que hace es anticipar la edad de jubilación mínima ordinaria prevista en el art. 205.1 LGSS; lo que determinará una merma en la cuantía final de la pensión de jubilación a percibir como una manera de penalizar el abandono anticipado del trabajo. De manera que las posibles jubilaciones anticipadas se configuran según el siguiente esquema:

- *jubilación anticipada por causa no imputable al trabajador* (art. 207 LGSS) cuyos requisitos son: edad del trabajador que puede ser, como máximo, cuatro años menos que la edad mínima legal ordinaria en cada momento; reunir un periodo de carencia de 33 años; y que la causa de la jubilación sea alguna de las recogidas en el art. 207.1 LGSS (es decir pérdida del empleo por causa no imputable al trabajador). Esta modalidad de jubilación anticipada ordinaria implica una penalización variable dependiendo, por una lado, de los meses que el trabajador adelante la jubilación (desde 0,63 por 100 si es un mes hasta el 30 por 100, si son los 48 meses máximos de adelanto); y, de otro, del tiempo de cotización acreditado ya que, por ejemplo, si son 44 años y seis meses, los porcentajes antes citados se reducen al 0,50 y al 24 por 100, respectivamente (la tabla correspondiente se encuentra recogida en el art. 207 LGSS).

- *jubilación anticipada por voluntad del trabajador* (art. 208 LGSS) cuyos requisitos son: la edad del trabajador que puede ser, como máximo, dos años antes de la edad mínima legal ordinaria en cada momento y reunir un periodo de carencia de 35 años. En este caso, los coeficientes reductores son más elevados, desde el 3,26 por una anticipación de un mes hasta el 21 por 100 si se adelanta la jubilación 24 meses. También aquí influyen los tiempos de cotización acreditados ya que en el mismo supuesto anterior (cotización de más de 44 años y seis meses) los porcentajes de reducción se rebajan al 2,81 por 100 y al 13 por 100, respectivamente por 100 (todo ello en la tabla que se contiene en el art. 208 LGSS).

d) jubilación como medida de fomento del empleo, que permite diferenciar tres tipos:

- *jubilación parcial anticipada* (art. 215.2 LGSS) permite al trabajador jubilarse compatibilizando pensión y trabajo siempre que reúna las siguientes condiciones:
    1.- acreditar una edad que sea inferior a tres años, como máximo, de la edad legal de jubilación vigente en cada momento (en 2025, la edad ordinaria de jubilación son 66 años y 8 meses).
    2.- acreditar un período de antigüedad en la empresa de al menos 6 años inmediatamente anteriores a la fecha de la jubilación parcial.
    3.- en cuanto a la reducción de la jornada de trabajo del jubilado, se establece, con carácter general, que la misma se comprenda entre un mínimo de un 25 por 100 y un máximo de un 75 por 100. No obstante, y para el caso de que se anticipe el acceso a la jubilación parcial en más de dos años respecto de la edad legal ordinaria de jubilación, dicha reducción de la jornada se fiajará entre un 20 y un 33 por 100, durante el primer año; y, a partir del segundo año, estos porcentajes podrán ser modificados dentro de los porcentajes ya indicados del 25 y el 75 por 100.
    4.- acreditar un período previo de cotización efectiva de 33 años
    5.- celebrar la empresa un contrato de relevo conforme a las siguientes reglas contempladas en el art. 12 ET.

- *jubilación postergada pero parcial* (art. 215.1 LGSS), según la cual los trabajadores que cumplan la edad ordinaria de jubilación vigente en cada momento podrán jubilarse parcialmente con una reducción de su jornada de trabajo comprendida entre un mínimo del 25 por 100 y un máximo del 75 por 100. En este caso, y a diferencia de la anterior jubilación parcial anticipada, no es necesario que la empresa suscriba un contrato de relevo (en los términos del art. 12 ET). Cuenta con medidas que reducen la carga de la cotización, siendo además tenidas en cuenta para el cálculo de la pensión las nuevas cotizaciones.

- *jubilación postergada,* entendida como supuestos de prolongación de la vida activa más allá de la edad de jubilación ordinaria vigente en cada momento. En tanto que decisión voluntaria, el abandono definitivo y completo del mercado de trabajo queda a la discrecionalidad del trabajador. Por este motivo, las normas de Seguridad Social se limitan a articular medidas que beneficien a la empresa (exoneración de cotización) y al trabajador (exoneración de cotización e incremento de la cuantía de la pensión por cada año de trabajo por encima de la edad estándar de jubilación); medidas recogidas en los arts. 152 y 210.2 LGSS.

Finalmente, y como una medida de favorecer el envejecimiento activo de los trabajadores se han establecido reglas cada vez más flexibles a la hora de compatibilizar trabajo, por cuenta ajena y propia, con el disfrute de la pensión de jubilación (art. 214 LGSS).

En cuanto a los *requisitos exigidos para ser beneficiario de la pensión de jubilación* son los generales de alta o asimilada y carencia (art. 165 LGSS), aunque cabe el acceso a la jubilación desde una situación de no alta. Por lo que hace a la *carencia la LGSS requiere que el sujeto reúna un periodo mínimo de cotización de 15 años* (carencia genérica) de los cuales al menos dos deben estar comprendidos dentro de los 15 años inmediatamente anteriores (carencia específica).

La determinación de la *cuantía* responde al esquema general de cálculo (*Cuantía = % BR*). Así, según el art. 209 LGSS, la BR se calcula tomando las bases de cotización de los veintinueve últimos años (378 bases mensuales) inmediatamente anteriores a la fecha del hecho causante, si bien se eligen las 324 bases (veintisiete años) de mayor importe, con lo que la fórmula final será la suma de bases de cotización de 324 meses, dividida por 378 (14 pagas al año). Se prevén, no obstante, normas transitorias para la aplicación gradual del mayor número de BC a tener en cuenta, medidas que alcanzan al año 2037 (disposición transitoria 40ª LGSS).

A esta BR se le aplica *un porcentaje* que, a diferencia de otras prestaciones, no es único, sino que está en función de los años de cotización del trabajador siendo el mínimo del 50 por 100 con 15 años cotizados y, a partir de aquí, ese porcentaje se va incrementando conforme a una escala (art. 210 LGSS). En el caso de las jubilaciones anticipadas a la cuantía que resulta de esta operación se aplicarán los coeficientes reductores antes mencionados.

C) Las pensiones por muerte y supervivencia

Las pensiones por muerte y supervivencia son prestaciones económicas que cubren o sustituyen la pérdida o disminución de ingresos familiares que provoca el fallecimiento de una persona respecto de los familiares que convivieran con éste y dependiesen económicamente de él. Esto determina la siguiente *tipología de prestaciones* (art. 216 LGSS): a) pensión de viudedad (respecto de la que es posible diferenciar entre pensión vitalicia a favor del cónyuge o del miembro de la pareja de hecho y una prestación temporal de viudedad); b) pensión de orfandad y prestación de orfandad para los casos de violencia de género); y, c) prestaciones en favor de familiares. En todo caso, puede decirse que la *contingencia que se protege desde el Sistema de Seguridad Social es más bien la supervivencia y no la muerte que solo es el hecho causante.*

Los requisitos de acceso, comunes a todas las prestaciones señaladas, son los generales de alta y carencia. En cuanto al de *alta* es posible causar el derecho sin estar en alta incrementándose entonces el periodo de carencia a 15 años. Por lo que respecta al requisito de *carencia*, hay que hacer dos precisiones sólo si la causa es una enfermedad común ya que, si es una contingencia profesional o un accidente no laboral, no se exige carencia alguna: a) la regla general es que el sujeto que fallece haya cotizado, si está en alta, 500 días dentro de los últimos cinco años anteriores al fallecimiento; y, b) tratándose de las pensiones de orfandad, el requisito se elimina, salvo que no haya alta, en cuyo caso igualmente se exigen los 15 años (art. 224.1 LGSS).

En cuanto a *los requisitos específicos de cada una de las prestaciones* hay que señalar: en el caso de la *pensión de orfandad* se exige que el huérfano tenga una edad inferior a 25 años; no obstante, y para el supuesto de que el huérfano con una edad comprendida entre 21 años pero menos de 25 años realizase un trabajo lucrativo por el que obtuviese unos ingresos, la pensión se mantiene siempre éstos sean inferiores al SMI vigente. Por su parte, para las pensiones en favor de *familiares* se exige un determinado parentesco, convivencia con el causante y vivir a su cargo durante al menos dos años antes del fallecimiento y carecer de recursos.

En relación con la *pensión de viudedad*, el vínculo de convivencia determinará distintos requisitos:

a) en el caso de existencia de vínculo matrimonial el derecho a la pensión de viudedad del *cónyuge legítimo en el momento del fallecimiento* solamente tiene el condicionante consistente en que, si no hay hijos en común y para el caso de que el fallecimiento sea debido a enfermedad común no sobrevenida después del matrimonio, éste debe haberse celebrado con un año de antelación al fallecimiento (art. 219.1 LGSS). Asimismo, se reconoce el derecho a la pensión de viudedad de *quien haya dejado de ser cónyuge por causa de divorcio, separación o nulidad* (art. 220 LGSS), si bien con una doble condición: que el excónyuge no haya contraído nuevas nupcias y que tenga derecho a una pensión compensatoria en los términos del Código Civil.

b) para una situación análoga de convivencia constitutiva de una pareja de hecho también se prevé la pensión de viudedad, partiendo de que se considera pareja de hecho la constituida por quienes, no hallándose impedidos para contraer matrimonio, no tengan vínculo matrimonial con otra persona y acrediten una convivencia estable y notoria con carácter inmediato al fallecimiento del causante y con una duración ininterrumpida no inferior a cinco años (art. 221.2 LGSS). La existencia de pareja de hecho debe acreditarse; lo que, normalmente, se hará mediante certificación de la inscripción en alguno de los registros específicos existentes en las Comunidades Autónomas o ayuntamientos o en otro documento público. La inscripción o formalización del documento público deberán haberse producido con una antelación mínima de dos años respecto de la fecha del fallecimiento del causante. El mismo art. 221 LGSS, en su apartado 3, prevé la pensión de viudedad para el superviviente de una pareja de hecho que se hubiera extinguido, en condiciones semejantes a los casos de separación o divorcio matrimonial.

La determinación de la *cuantía de todas las prestaciones se calcula sobre la BR* que se establece en el art. 228 LGSS, diferenciando, de una parte, una BR resultado de sumar las BC correspondientes a los veinticuatro meses consecutivos anteriores al mes previo al fallecimiento, divididas entre veintiocho, regla que se aplica cuando *el fallecimiento deriva de contingencia común y el sujeto causante es trabajador*; de otra parte, una BR consistente en el promedio de los salarios realmente percibidos en el último año, *si la muerte se debe a causas profesionales*; y, finalmente, una BR igual a la que sirvió para determinar, en su momento, la pensión, *si el sujeto causante ya fuese un pensionista beneficiario de una pensión de la Seguridad Social.*

Sobre las BR así establecidas, se aplicará un porcentaje variable, en función de quien sea el beneficiario: así, en la ***pensión de viudedad*** el porcentaje es del 52 por 100, salvo que se trate de un viudo/a con 65 o más años de edad y que no perciba otros ingresos distintos de la pensión de viudedad, ya que, entonces, el porcentaje de la pensión de viudedad asciende al 60 por 100, existiendo incluso la posibilidad de un porcentaje del 70 por 100 en casos de cargas familiares y dependencia de la pensión para la subsistencia. En el supuesto de ***huérfanos y demás familiares*** este porcentaje será el 20 por 100 por cada beneficiario.

Ahora bien, en las prestaciones por muerte y supervivencia opera la idea de ***unidad del hecho causante y, por tanto, de sujeto causante de los distintos derechos derivados***, lo que significa que la suma de los porcentajes de las cuantías de todas las pensiones por muerte y supervivencia (esto es, de viudedad, orfandad y familiares) no puede superar, como regla general, el 100 por 100 de la BR, aunque cabe exceder ese tope en supuestos en los que el porcentaje aplicable para hallar la cuantía de la pensión de viudedad es superior al 52 por 100 general.

Hay que señalar, por último, que existiendo el tope máximo general para la suma de todas las pensiones del 100 por 100 de la BR, la concurrencia de muchos beneficiarios puede hacer que algunos no puedan acceder a la pensión ya que el art. 229 LGSS establece una jerarquía, existiendo siempre el derecho a la pensión de viudedad (si hay supértite que reúna los requisitos para acceder a la pensión de viudedad) y a la o las pensiones de orfandad (debiendo repartirse entre ellas el 48 por 100 de la BR). En último lugar se encuentran las pensiones en favor de familiares que solamente se hacen efectivas cuando no se ha agotado el 100 por 100 de la BR (por no existir huérfanos, o solo uno o dos), repartiéndose ese resto entre los potenciales beneficiarios que, entre ellos, también están jerarquizados por la norma en el siguiente orden: madres y padres, abuelas y abuelos, hermanos/as y nietos/as. (art. 229 LGSS).

www.ingramcontent.com/pod-product-compliance
Lightning Source LLC
Chambersburg PA
CBHW062123220526
45471CB00010B/3852